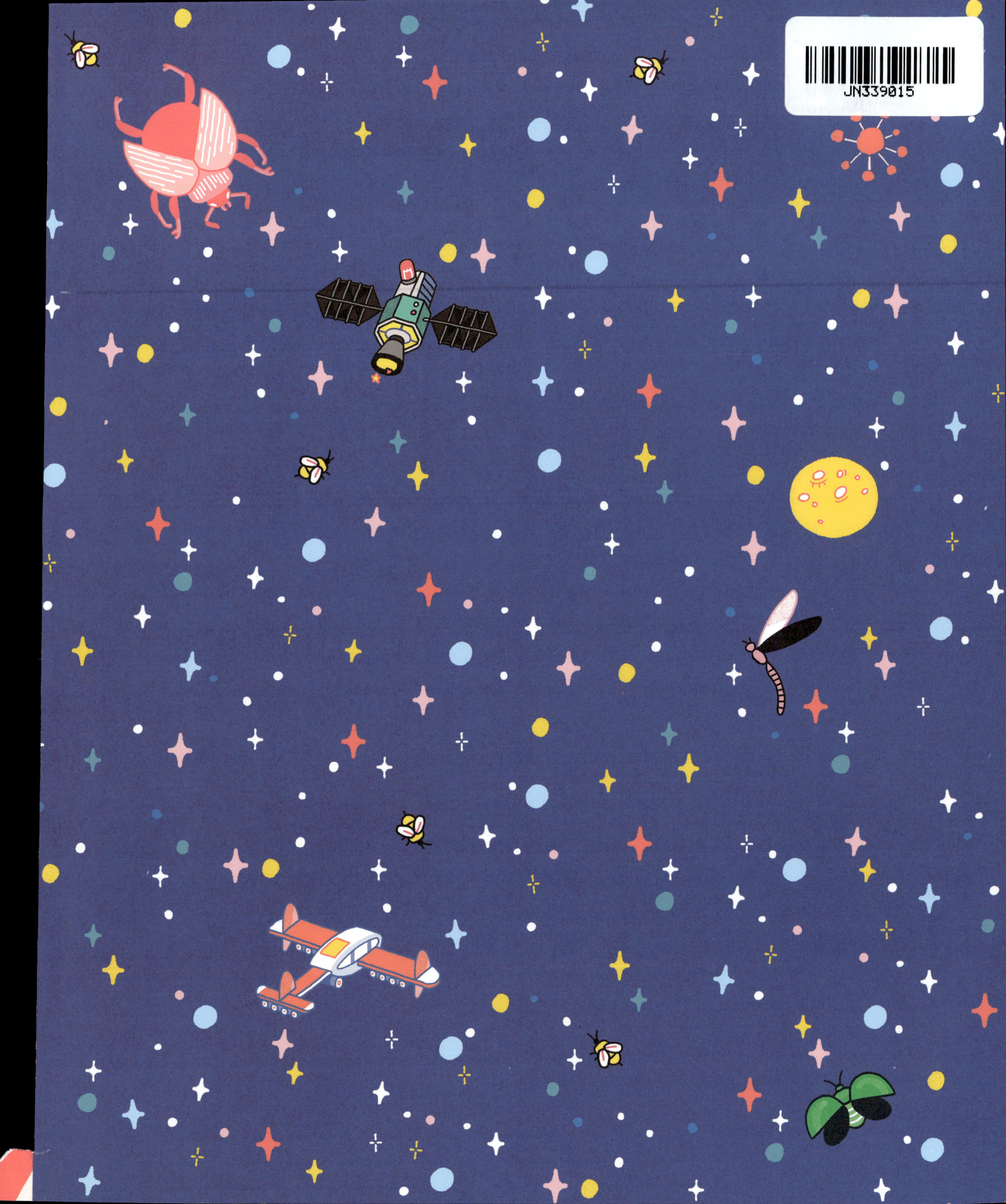

글 매들린 핀레이

영국 에든버러 대학에서 물리학을 전공했어요. 과학 전문 작가이자 오디오 방송 제작자 및 진행자로서
가디언, BBC 월드 서비스, 라디오4의 팟캐스트에서 일했어요. 이 책은 매들린 핀레이가 처음 쓴 책으로,
우리가 친환경적으로 살아갈 수 있도록 돕는 과학과 기술의 거의 모든 것을 담고 있어요.

그림 최지수

홍익대학교에서 시각디자인을 공부하고, 갯강구라는 필명으로 활동하고 있는 일러스트레이터예요.
2014년 4월, 블로그에 연재하던 '갯강구 일기'를 독립출판으로 제작한 것을 시작으로
여행에 대한 그림을 그리고 있어요. 글을 쓰고 그림을 그린 책으로 『서른 살에 스페인』이 있고,
『일 퍼센트』 등의 책에 그림을 그렸어요.

번역 신동경

서울대학교 독어교육과를 졸업하고 한신대학교 신학대학원에서 공부했어요.
지금은 과학책을 읽으며 느낀 즐거움과 감동을 어린이들에게 전하는 글을 쓰며 지내지요.
쓴 책으로는 『단위가 사라졌다』, 『나는 138억 살』, 『나는 태양의 아이』, 『공정 무역, 카카오 농장 이야기』,
『물은 어디서 왔을까?』 등이 있고, 옮긴 책으로는 『얼음이 바사삭 그림 사전』이 있어요.

자연은 우리의 집 3

아침으로 곤충을
지구를 구하는 놀라운 방법들

2021년 12월 20일 제1판 1쇄 인쇄
2022년 1월 20일 제1판 1쇄 발행
글쓴이 ◆ 매들린 핀레이
그린이 ◆ 최지수
옮긴이 ◆ 신동경
펴낸이 ◆ 김상미, 이재민
편집 ◆ 송미영
디자인 ◆ 정계수
종이 ◆ 다올페이퍼
인쇄 ◆ 청아디앤피
제본 ◆ 비춤바인텍
펴낸곳 ◆ 너머학교
주소 ◆ 서울시 서대문구 증가로20길 3-12 1층
전화 ◆ 02)336-5131, 335-3366
팩스 ◆ 02)335-5848
등록번호 ◆ 313-2009-234호
ISBN 978-89-94407-93-7 74400
ISBN 978-89-94407-83-8 74400(세트)

Text ⓒ Madeleine Finaly 2022
Illustration ⓒ Jisu Choi 2022
Originally published in the English Language as 『Beetles for breakfast』 ⓒ Flying Eye Books 2021
Korean translation copyright ⓒ Nermerbooks 2022
This Korean edition published by arrangement with Flying Eye Books through JMCA

아침으로 곤충을

지구를 구하는 놀라운 방법들

매들린 핀레이 글 | 최지수 그림 | 신동경 옮김

너머학교

차례

들어가는 글 9

아침 먹으면서 10
아침밥으로는 딱정벌레가 딱! 14
미래의 고기 16

화장실에서 18
에너지가 뿌지직! 22
에너지가 쏴아~ 24

도시에서 26
깨끗하게 달려 봐요 30
여행 계획을 짜 볼까요 32

학교에서 34
너무 더워! 38
시원하게 지내려면 40

공원에서 42
생물 다양성은 힘이 세요 46
자연한테 배워요 48

농장에서 50
땅을 보살펴요 54
지구에 휴식을! 56

바닷가에서	58	미래를 상상해요	74
낭비하지 않으면 부족하지 않아요	62	미래에 살아남으려면	78
최신 패션 재료	64	지금 무엇을 해야 할까요?	80

집에서	66		
새로운 거주지를 개척해요	70	낱말 풀이	82
편안한 집	72	지구를 구하는 발명품 **찾아보기**	84

이 책을 읽는 법

아침을 차려 놓은 식탁에서 학교, 공원, 도시를 거쳐 다시 집으로.
이 책의 각 장은 우리에게 익숙한 장소의 미래 모습으로 시작해요. 각 장을 여는 장면에
무엇이 있는지 살펴본 다음에 한 장 넘기면, 앞에서 보았던 것들에 숨겨진
놀라운 기술을 설명하는 그림과 글이 나옵니다.

각 장에서 다루는 주제를 더 깊이 파고들고 싶다면, 이어지는 네 쪽을 읽으세요.
쪽마다 탐구하고 발견할 것이 많이 있으니까 처음부터 끝까지 죽 읽어도 재미있을
거예요. 읽고 싶을 때마다 한 장씩 펼쳐 봐도 좋고요.
책 뒤에 낱말 풀이가 있으니 어려운 말이 나오거든 찾아보세요.

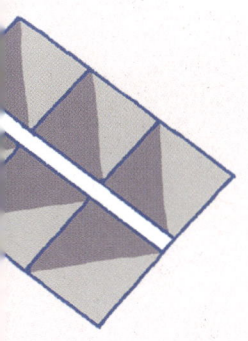

들어가는 글

과학자라는 말을 들으면 늘 심각한 표정으로 연구하는 사람들이 떠오를 거예요. 실제로 그렇기도 해요. 하얀 실험복을 입고서 뭔지 모를 화학 약품을 비커에 따르는 과학자도 있고, 망원경이나 현미경을 들여다보는 과학자도 있지요. 어떤 과학자들은 책만 잔뜩 쌓여 있는 사무실에서 엄청나게 복잡한 수학 공식을 풀거나 암호 같은 컴퓨터 코드를 입력하기도 하지요. 하지만 많은 과학자들이 특별한 실험을 하거나, 괴상하지만 멋진 발명을 하느라 바쁘답니다. 오늘날 과학자들이 해결하려고 노력하는 도전은 **기후 변화**예요. **지구 온난화**가 심각한 문제를 일으키고 있는데, 과학자들은 풍부한 상상력으로 환경을 보호하고 우리 생활을 개선하는 데 필요한 새로운 방법을 찾고 있지요.

가까운 미래에는 친환경 아이디어가 더 널리 쓰일 거예요. 이 책에서 소개한 친환경 기기들을 곧 사용하게 될 수도 있지요. 음식 쓰레기를 **에너지**로 바꾸고, 학교로 이어지는 길을 걷는 것만으로 동력을 생산하고, 플라스틱병을 재활용해 만든 옷을 입어 지구를 보호하게 될 거예요. 자, 이제 한 장 넘겨서 여러분의 생활이 미래에 어떻게 바뀔지 살펴보고, 집, 도시, 자연 풍경을 더 좋게 바꿀 놀라운 기술을 발견해 보세요.

아침 먹으면서

켈프 팩에 든 바퀴벌레 우유를 마셔 볼래요? 이런 거 말고도 괴상하면서도 멋진 신기술이 아주 많아요. 우리가 지구를 망치지 않고 하루하루 살아갈 수 있게 해 주는 기술들이죠. 이렇게 사는 걸 좀 어려운 말로 지속 가능한 삶이라고 하지요. 자 이제 눈을 떴으니, 지속 가능한 아침을 먹어 볼까요.

 6 하수구 기름 찌꺼기 연료　　7 태양열 오븐　　 8 바퀴벌레 우유　　9 악취 감지기

1. 곤충 도시락

아드득! 귀뚜라미 샌드위치 한입 먹어 볼래요? 먹는다고 생각만 해도 온몸에 벌레가 스멀거리는 것 같죠. 그렇지만 지구에는 곤충을 맛있게 먹는 사람들이 20억 명쯤 살아요. 사람이 먹는 곤충은 1,900종이나 되는데, 꿈틀거리는 이 친구들은 단백질, 철분, 칼슘이 풍부한 음식이에요.

2. 개 사료

개는 식성이 까다롭지 않기로 유명해요. 그렇다면 털북숭이 친구의 밥그릇에 구더기를 담아 줘도 괜찮지 않을까요? 동애등에 **애벌레**를 으깨서 귀리와 감자 같은 재료들과 섞으면, 영양가 높은 먹이가 된답니다.

3. 음식 쓰레기 연료

생물 소화조가 있다고요? 그럼 먹다 남은 음식을 거기에 던져 버리세요. 생물 소화조 안에는 먹잇감을 기다리는 **세균** 군집이 살고 있어요. 이 작은 생물들이 음식 쓰레기를 분해해서 점심 요리에 쓸 가스를 생산해요. 나머지 걸쭉한 찌꺼기는 비료로 쓰면 되고요.

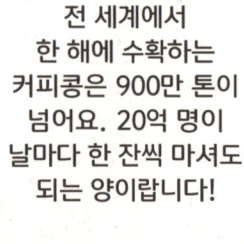

전 세계에서 한 해에 수확하는 커피콩은 900만 톤이 넘어요. 20억 명이 날마다 한 잔씩 마셔도 되는 양이랍니다!

5. 커피 찌꺼기

아침에 커피 한 잔을 마시면 하루를 힘차게 시작할 수 있어요. 커피 찌꺼기에서 뽑은 기름으로 만든 연료는 자동차를 힘차게 달리게 하지요. 커피 찌꺼기로 장작도 만들고, 프린터에 넣을 잉크도 만들 수 있어요.

4. 켈프 팩

주스를 마시고 난 빈 팩을 쓰레기통에 버리지 않고 아작아작 깨물어 먹는다고 상상해 보세요. 언젠가는 해조류인 켈프로 만든 팩이나 캡슐이 아침 식탁에 오를 거예요. 해조류 포장은 땅속에서 자연히 분해되거나 뜨거운 물에 녹아요. 플라스틱 포장보다 훨씬 환경에 좋지요. 입맛에 맞아서 씹어 먹으면 더 좋고요.

6. 하수구 기름 찌꺼기 연료

식용유를 하수관으로 흘려보내면, 땅속에 아주 큰 문젯거리가 생겨요. 이걸 기름의 산이라는 뜻으로 팻버그라고 불러요. 하수관으로 흘러 들어간 지방과 기름이 잘 씻겨 내려가지 않는 물질과 엉겨 붙어 울퉁불퉁한 덩어리가 되는 거지요. 우리가 기름을 쏟아 버릴 때마다 팻버그는 점점 커져서 하수관을 막아요. 하지만 팻버그를 모으면 자동차 연료로 바꿀 수 있어요.

7. 태양열 오븐

태양은 진짜 멀리 떨어져 있지만, 지구에서 사용할 수 있는 중요한 천연자원이에요. 태양 **에너지**로 요리를 할 수도 있답니다. 어떻게 하느냐고요? 렌즈와 반사판으로 햇빛을 한곳에 모아서, 솥이나 냄비를 가열해요. 그러면 그릇 안에 담은 음식이 익지요.

런던에서 괴물 팻버그가 발견되었는데, 세상에! 길이가 250미터나 되었어요. 이층버스 20대를 줄지어 세워 놓은 것보다 길었지요.

8. 바퀴벌레 우유

태평양딱정벌레바퀴벌레는 다른 곤충들과 달리 새끼를 낳아요. 새끼에게 연노랑 액체를 먹여서 키우지요. 이 액체는 **애벌레**의 내장에서 미세한 결정으로 변해요. 액체와 결정 둘 다 영양가가 매우 높아요. 바퀴벌레한테서 이 액체를 짜면 좋겠다고요? 과학자들은 다른 방법을 제안했어요. 실험실에서 결정을 합성하면 그걸로 우유, 빵, 맥주를 만들 수 있대요.

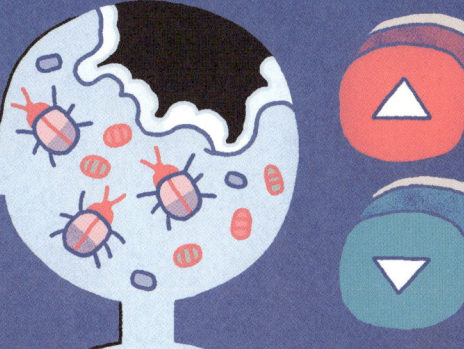

과학자들이 계산했는데요, 영양가 높은 결정 100그램을 얻으려면 바퀴벌레 1,000마리가 있어야 한대요.

9. 악취 감지기

미래에는 포장재가 음식 상태를 감시할 거예요. 포장에 설치한 센서가 음식이 상할 때 생기는 **곰팡이**, **세균**, 기체를 검출하는 거예요. 음식에서 고약한 냄새가 날 기미가 보이자마자 센서가 즉시 스마트폰에 경고 신호를 보내요. 그러면, 스마트폰이 음식을 안전하게 먹는 조리법을 알려 줄 테니까 쓰레기통에 버리지 않아도 돼요. 곧 상할 우유로 만든 딸기 요구르트와 치즈를 먹을 사람 있나요?

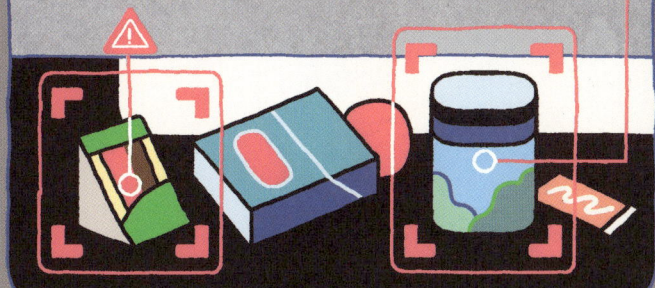

아침밥으로는 딱정벌레가 딱!

우리가 미래에 무엇을 먹을지 상상해 본 적이 있나요? 몸에 필요한 영양소가 다 들어 있는 알약이나 삼차원 프린터(3D 프린터)로 찍어 낸 피자 같은 거 말이에요. 언젠가 그런 음식을 먹게 될지도 모르지만, 지금 중요한 건 지구를 구하기 위한 새로운 먹을거리를 찾는 거예요.

무엇이 문제일까요?

맛있는 햄버거부터 지글지글 구운 스테이크까지, 지구 곳곳의 사람들처럼 여러분도 소고기를 좋아할 거예요. 그런데, 소가 지구에 미치는 영향이 자기 덩치만큼 크다는 건 알고 있나요? 소 방귀와 트림에는 **메테인**이 들어 있어요. **대기**에 섞여 들어가 태양열을 가두는 기체지요. 한 마리가 배출하는 메테인은 문제랄 게 없지만, 우리 행성에는 소가 15억 마리나 살아요. 지구에는 소 말고도 돼지, 닭, 양 수십억 마리가 있어요. 다 우리가 먹으려고 키우는 거예요. 다른 생물들과 마찬가지로, 가축들도 물을 마시고 먹이를 먹어야 하고, 지낼 공간도 필요해요. 엄청난 물, 자원, 땅이 가축 사육에 들어가요. 사람들은 해마다 셀 수도 없이 많은 나무를 베어 내고 그 자리에 가축을 키우거나 사료 작물을 길러요. 대기로 **이산화탄소**를 내뿜고 야생 동물의 서식지를 파괴하는 일이지요.

> 한 해 동안 날마다 소고기를 먹으면, 자동차를 몰고 서울과 부산을 11번 왕복하는 것과 맞먹는 **온실가스**(이산화탄소, 메테인 등)를 배출해요.

과학자들이 우리가 먹는 음식이 미치는 영향을 줄이려고 노력하고 있어요. **메테인** 배출량을 줄이기 위해 소에게 해조류를 먹이거나 트림을 모아서 연료로 쓰는 방법까지 연구하고 있답니다.

소 한 마리가 한 해에 배출하는 메테인이 200킬로그램 가까이 돼요.

곤충 농장

가축이 미치는 영향을 줄이려고 노력하는 것보다 훨씬 간단한 방법이 있어요. 땅도 적게 차지하고 자원도 덜 쓰는 작은 걸 먹는 거예요. 그게 뭐냐고요? 바로 곤충이에요.

곤충은 비타민과 미네랄이 풍부해서 고기 대신 먹기 딱 좋아요. **애벌레**, 메뚜기, 파리 유충(구더기)에는 면역 시스템을 강화하는 아연, **산소**를 운반하는 데 필요한 철분 같은 원소들이 한가득 들어 있어요. 이런 꿈틀이들을 으깨서 더 맛있게 요리해서 먹을 수도 있어요. 거저리(딱정벌레의 일종) 가루를 넣어 케이크를 굽거나, 딱정벌레 단백질로 샌드위치에 넣을 인조 베이컨을 만들 날이 올 거예요.

꿈틀이들이 사람과 가축이 먹지 못한 음식 쓰레기를 먹어 치울 수도 있어요. 도시에서도 얼마든지 이런 곤충 농장을 운영할 수 있어요.

주스와 케이크에 들어가는 붉은색 식용 색소는 깍지벌레를 찧어서 뽑아내요.

미래의 고기

애벌레 먹는 게 끔찍하다고 걱정할 필요는 없어요. 곤충 말고도 고기 대신 먹을 수 있는 친환경 식품들이 더 있거든요.

인조고기

실험실에서 고기를 기르는 연구가 이루어지고 있어요. 먼저, 동물 근육 조직에서 세포들을 떼 내요. 그런 다음에 정교한 화학 기술로 세포를 증식시켜서 고기를 합성하고, 이것으로 닭 다리나 소시지를 만들어요. 실제로 실험실에서 키운 고기를 구워 스테이크 한 접시를 내놓은 적이 있었는데, 이 일에 어마어마한 **에너지**와 돈이 들었어요. 식당에서 시험관 고기를 맛보려면 좀 더 기다려야 해요. 에너지가 훨씬 적게 드는 고기 대용 식품도 있으니까 그때까지 기다릴 수 있겠죠?

버섯 고기

곰팡이에서 거미줄 모양으로 뻗어 나온 걸로도 가짜 고기를 만들 수 있어요. 곰팡이라고 하면, 땅에서 마법처럼 솟아오르는 버섯이 생각나요? 맞아요. 버섯도 곰팡이예요. 버섯 아래쪽 땅속에는 하얀 실뭉치 같은 게 제멋대로 뻗어 있어요. 뿌리처럼 보이는 이것을 **균사체**라고 불러요. 균사체를 발효시키고 가열한 뒤에 적절한 향료와 섞으면 고기와 비슷한 느낌과 맛이 나요. 그걸로 인조 햄버거와 베이컨을 만들어요.

실험실에서 고기를 길러서 햄버거를 만드는 데 2년이 넘게 걸렸어요. 돈은 3억 원이 넘게 들었지요.

생선 없는 초밥

바다에서 식탁까지 물고기를 옮기는 동안, 커다란 **탄소 발자국**이 찍혀요. 게다가 고기잡이는 바다 밑바닥과 산호초에 해를 끼치고, 고래, 돌고래, 상어가 그물에 걸려 죽기도 해요. 과학자들이 '헴'이라는 물질을 이용해 대안을 찾고 있어요. 헴은 철분이 풍부한 분자인데 동물과 식물에 들어 있어요. 사람 몸에서는 허파에서 흡수한 **산소**를 구석구석까지 실어 나르는 역할을 해요. 피가 붉은색을 띠게 하고, 고기 특유의 질감과 맛을 내는 것도 헴이에요! 헴은 효모에서 쉽게 기를 수 있는데, 그걸로 맛있는 인조 생선 요리를 만들 수 있답니다.

흙 수프

세균 수프는 과학자들이 찾고 있는 미래 식품의 조건에 딱 맞아떨어져요. 화학자들은 토양 세균, **이산화탄소**, 물, 그리고 전기를 이용해 단백질 가루를 만들어 냈어요. 물을 전기로 분해해서 얻은 **수소**와 **대기**에서 뽑아낸 이산화탄소를 물에 섞은 다음, 거기에 토양 세균을 넣어요. 그러면 세균이 자라면서 발효가 일어나 노란 거품 수프가 생겨요. 그걸 뜨거운 롤러에 넣어 말려서 가루로 만들어요. 이 가루는 밀가루 비슷한데, 아무 맛도 나지 않아서 아무 음식에나 넣을 수 있어요. 음식 맛은 바뀌지 않고 영양가는 높아지니까요. 게다가 지구에 끼치는 영향도 거의 없어요.

흙 한 숟가락에는 세균이 10억 마리쯤 살아요.

1 귀중한 똥   2 바다 치약   3 대나무 칫솔   4 우주선 시스템

1. 귀중한 똥

화장실에서 사용한 물은 보통 하수 처리장에 모아서 정화한 뒤 다시 사용해요. 인구가 늘어나면 함께 늘어나는 귀중한 자원이 있어요. 그것은 바로 똥! 똥을 그냥 버리지 말고 집마다 설치된 **생물 소화조**에 모아요. 그러면 그곳에 사는 **미생물**이 유기물을 분해해요. 그때 나오는 가스를 연료로 쓸 수 있지요.

2. 바다 치약

플라스틱 치약 튜브는 분해되는 데 500년이 넘게 걸려요. 과학자들이 이 문제의 해결책을 바닷말로 찾았어요. 끈적끈적한 바닷말로 아무 맛도 안 나는 얇은 막을 만들어 냈지요. 이 막으로 먹는 캡슐을 만들어요. 그 안에 치약을 넣을 수 있어요. 꽉 깨물어 치약 캡슐을 입에 톡 던져 넣고, 치약 캡슐이 터트린 다음에, 칫솔로 이빨 깨물어 터트린 다음에, 칫솔로 이빨 친구들을 닦는 날이 올 거예요.

3. 대나무 칫솔

한 사람이 평생 사용하는 칫솔이 300개쯤이에요. 그 때문에 해마다 800만 톤의 플라스틱 쓰레기가 바다로 흘러 들어가지요. 모소대나무로 만든 칫솔을 쓰면 해양 생물을 보호하고 쓰레기도 줄일 수 있어요. 대나무 칫솔은 **생분해성**이니까요.

모소대나무는 하루에 1미터까지 자라요. 이렇게 빨리 자라니까 해마다 25%씩 베어 써도 대나무숲이 파괴되지 않지요.

4. 우주선 시스템

국제 우주 정거장에 설치한 시스템은 오줌, 땀, 심지어는 우주인들의 숨에 든 수분까지 흡수해요. 거기서 소금이나 먼지 같은 오염 물질을 걸러 내고, 바이러스와 **세균**을 죽이지요. 이런 방법으로, 오염된 물의 93%를 다시 써요! 이 시스템을 지구에 설치하면, 화장실에서 사용한 물을 다시 마시거나 목욕물과 변기용 물로 쓸 수 있어요.

5. 이끼 매트

이끼로 만든 매트를 밟으면 풀밭을 걷는 느낌이 나겠죠? 우리가 샤워를 마치고 나가면 이끼 매트가 물기와 수증기를 흡수할 거예요. 이끼는 '선태식물'의 한 종류로, 꽃도 피우지 않고, 열매도 안 맺고, 뿌리도 없는데, 축축한 곳을 좋아해요. 화장실에 깔면 딱 맞겠죠?

제1차 세계 대전 때는 심각한 상처의 피를 이끼로 닦았어요. 흡수력이 뛰어나고 살균 성분이 있어서 상처를 깨끗하고 건조하게 유지해 주었어요.

6. 스마트 거울

거울아, 거울아, 이 세상에서 누가 가장 건강하니? 온갖 센서를 장착한 스마트 거울은 여러분의 눈, 피부, 숨을 살펴보고 온갖 데이터를 모을 수 있어요. 거울이 이 데이터를 컴퓨터로 보내면, **알고리듬**이 데이터를 분석해 질병의 증상이 있는지 확인해 줄 거예요.

7. 태양 전지 창문

태양 전지 창문은 태양에서 오는 **에너지**로 전기를 생산해요. 태양은 여러 **파장**의 빛을 내뿜어요. 사람은 그 가운데 가시광선 영역의 일부 파장만 볼 수 있지요. 태양 전지 창문은 눈에 안 보이는 **자외선(UV)**과 **적외선**은 막고 가시광선만 통과시켜요. 그러면서 전기를 생산하지요. 화장실을 밝게 유지하면서 창문이 생산한 전기로 헤어드라이어를 쓰는 거죠.

8. 바이오 구슬

마이크로비즈는 미세한 플라스틱 구슬인데, 모래알보다 작아요. 우리가 날마다 쓰는 치약이나 샤워용 세제 따위에 들어 있어요. 우리가 화장실에서 사용한 마이크로비즈는 강과 바다로 흘러가고, 그걸 해양 생물이 삼켜요. 다행히, 과학자들이 친환경 미세 구슬을 개발 중이에요. 친환경 미세 구슬은 셀룰로스(식물이 똑바로 단단하게 서 있기 위해 이용하는 물질로 섬유소라고 부르기도 해요.)로 만드는데 **생분해성**이니까 안심하고 흘려보낼 수 있어요.

9. 의료용 점액

무릎에서 자꾸 떨어지는 반창고가 성가신가요? 언젠가는 민달팽이 접착제로 상처를 보호하게 될 거예요. 검은민달팽이는 위협을 느끼면 끈적한 점액을 분비해서 바닥에 딱 달라붙어요. 그러면 새 같은 포식자들이 민달팽이를 떼 내기 힘들죠. 과학자들이 점액으로 수술 중에 임시 봉합용으로 쓸 수 있는 접착제를 개발했어요.

에너지가 뿌지직!

우리는 에너지 없이는 살 수 없어요. 아침에 주전자에 물을 끓일 때부터 시작해 침대에 누워 스마트폰 알람을 맞출 때까지, 밤낮으로 에너지를 쓰지요. 이 에너지는 모두 어디에서 올까요? 현재 우리가 사용하는 에너지원은 환경에 상처를 남겨요. 다행히, 배수관으로 씻겨 내려간 에너지를 되찾을 혁신적인 아이디어가 꽤 많아요.

무엇이 문제일까요?

우리가 사용하는 에너지의 원천은 다양하지만, 석유, 석탄, 가스를 태워 얻는 에너지가 가장 많아요. 이런 에너지원을 **화석 연료**라고 하는데, **화석 연료**는 수천만 년 전에 땅에 묻힌 동물과 식물이 분해되어 만들어졌어요. 화석 연료에 들어 있는 **에너지**를 사용하려면, 캐내서 태워야 하는데, 이때 **이산화탄소**가 어마어마하게 배출돼요. 이 이산화탄소가 **지구 온난화**와 **대기 오염**을 일으키기 때문에, 깨끗한 친환경 미래 에너지를 찾는 노력을 멈추지 말아야 하지요.

똥 에너지

화장실, 농장, 심지어는 반려동물의 똥까지 모아서 에너지로 쓸 수 있어요! 우선, 똥을 건물 난방에 쓸 수 있어요. 똥은 지하 오수관을 지나는 동안, 훈훈한 정도인 15~20도까지 온도가 올라가요. 이 열을 그냥 버리지 않고, **열펌프**로 흡수해서 근처 건물로 보내는 거죠.

또, 몇 가지 처리 과정을 거치면, 똥은 고약한 갈색 덩어리에서 연료로 쓸 수 있는 가스로 바뀌어요. 어떻게 하는지 알아볼까요.

1. 집에서 버린 똥은 오물 처리 시설에 모이는데, 그곳에서 불필요한 쓰레기를 제거해요. 그런 다음에 관을 통해서 큰 탱크로 보내요. 탱크 속에서 고체들이 바닥으로 가라앉아 진흙처럼 쌓이는데 그걸 슬러지라고 해요. 슬러지가 생기면, 물은 다른 탱크로 보내서 특별한 **세균**으로 처리해요. 물에 남은 유기물을 남김없이 먹어 치우는 세균이지요.

2. 물은 살균과 소독 등 정화 처리를 한 뒤에 마셔도 안전한지 검사를 해요. 검사에 합격하면, 수도 시설로 보내서 다시 사용해요.

3. 슬러지도 처리 과정을 거쳐요. 우선, **원심 분리기**로 물기를 제거해요. 원심 분리기는 아주 빠르게 돌면서 액체를 분리하는 기계예요. 그런 다음, 커다란 압력솥 비슷한 장치에 넣고 센 압력을 가하면, 슬러지 속 세포들이 폭발해요.

4. 세포를 파괴한 뒤에 슬러지를 **생물 소화조**로 보내요. 여기서 세균들이 생물 찌꺼기를 먹고 연료로 쓸 수 있는 바이오가스를 생산해요.

5. 세균들의 파티가 끝나면, 찌꺼기는 비료로 사용해요.

보통 사람은 하루에 128그램의 똥과 1리터의 오줌을 눠요. 10만 명이 하루에 눈 똥을 모으면 대략 전구 800개를 1시간 동안 켤 수 있어요.

오줌도 에너지야!

오줌에서도 **에너지**를 얻을 수 있어요. '미생물 연료 전지'라는 장치에 오줌을 넣으면, **미생물**이 오줌을 먹고 **전자**(원자를 구성하는 입자 가운데 하나)를 방출해요. 음전하를 띤 전자들을 전선으로 보내면 전기가 흐르기 시작하지요. 화장실 불을 켜거나 스마트폰을 충전하는 데 쓸 전기를 생산하려면, 쉬를 하면 돼요.

에너지가 쏴아~

화장실 기술 얘기를 들으니 속이 울렁거리나요? 걱정하지 마세요.
고약한 냄새도 안 나면서 많은 **에너지**를 생산하는 방법이 있어요.
화장실에 늘 있는 걸 이용하는 거예요. 그게 뭐냐고요? 그건 바로 물이에요!

파도를 잡아라

바다에서 놀다가 파도와 부닥친 적이 있나요? 그럼, 파도가 얼마나 힘이 센지 잘 알겠네요. 과학자들이 파도의 힘을 **에너지**로 바꾸는 여러 방법을 고안해 냈어요. 그 가운데 하나는 해저에 고무로 만든 거대한 매트를 설치하는 거예요. 매트는 파도가 지나갈 때마다 위아래로 움직여요. 그때마다 매트에 부착된 펌프가 작동하면서 파도의 에너지를 흡수하고, 그 에너지를 다시 전기로 바꿔요.

과학자들은 해저의 진흙 바닥이 파도의 속도를 늦추는 걸 보고 이 장치를 떠올렸어요. 멕시코만 어부들은 폭풍이 다가오면, 파도가 약한 진흙 지대로 배를 몰곤 하는데, 그걸 과학자들이 눈여겨본 거죠.

켈프야, 도와줘!

켈프는 바다에 사는 **조류**인데, 이걸로도 에너지를 생산할 수 있어요. 조류도 식물처럼 햇빛을 영양분으로 바꿔요. 이 일을 '광합성'이라고 하는데, 햇빛을 이용해 **이산화탄소**와 물을 당과 **산소**로 바꾸는 과정이에요. 조류가 광합성을 하는 동안 발생하는 전자로 전기를 생산할 수 있어요.

어떤 켈프는 날마다 50센티미터씩 자라서 길이가 80미터에 이르기도 해요. 여러분이 하루에 50센티미터씩 1년을 크면, 30층짜리 아파트 높이의 두 배에 이를 거예요.

물을 물로 보지 마

물이 H$_2$O라는 건 여러분도 알 거예요. 이렇게 나타내면, 물이 **수소**(H)와 **산소**(O)가 결합한 물질이라는 걸 알 수 있어요. 수소와 산소는 중요한 원소예요. 수소는 우주에서 가장 많은 원소이고, 산소는 우리가 살기 위해 마셔야 하는 원소지요. 공학자들이 '수소 연료 전지'라는 장치를 개발했는데, 이 장치는 수소와 산소를 결합해서 전기와 물을 생산해요. 전기 생산 과정에서 오염 물질 대신에 물이 나오니까, 수소 연료 전지는 자동차와 버스의 동력원으로 쓰기에 좋지요. 그런데 문제가 있어요. 우주 어디에나 수소가 많지만, 정작 지구에는 별로 없어요. 그래서 **화석 연료**로부터 수소를 만들어 내야 한답니다.

바닷물로 날아 볼까?

과학자들은 바닷물을 제트 연료로 바꾸는 방법도 시험했어요. 놀랍게도, 바닷물에는 **이산화탄소**가 고도로 농축되어 있어요. 공기보다 바닷물에 이산화탄소가 더 많지요. 과학자들은 이 점을 이용하려고 시도했어요. 전기의 힘으로 바닷물을 **수소**, **산소**, 이산화탄소로 분리한 다음, 이산화탄소와 수소를 결합해 연료를 만드는 거죠. 이 과정에서 너무 많은 **에너지**가 쓰이기 때문에, 당분간은 육지에서 사용하기 어려워요. 하지만 언젠가는 바다를 누비는 배들이 이 방법으로 생산한 동력으로 달릴 거예요.

1 배기가스 예술　2 로봇 배달부　3 도시형 풍력 발전기　4 스마트 재킷　5 자율 주행 도시

도시에서

도시는 오염이 심한 곳이에요. 하지만, 첨단 기술을 이용해 오염을 깨끗이 제거하고, 생활하고 일하기에 좋은 초록빛 공간으로 바꿀 수 있어요. 자전거와 스쿠터가 거리를 마음껏 누비고, 초고속 태양 열차가 고가 선로를 달리고, 식물로 뒤덮인 고층 빌딩이 우뚝 서 있고, 걷기 좋은 공간이 넓게 펼쳐진 미래 도시는 이미 현실이 되고 있어요.

6 하늘 열차　7 플라스틱 길　8 그을음 흡입기　9 발걸음 발전기　10 땅속 마을

1. 배기가스 예술

도로를 가득 메운 자동차들은 오염 물질을 내뿜어요. 환경과 우리 허파를 위협하는 배기가스를 예술로 바꾸면 어떨까요? 자동차 배기관에 수집 장치를 설치해서 시커먼 탄소 그을음이 공기로 섞이기 전에 모을 수 있어요. 그런 다음에 정교한 화학 기술로 그을음을 잉크로 바꾸는 거죠.

2. 로봇 배달부

머지않은 미래에 사람 대신 로봇이 물건을 대부분 배달할 거예요! 배달할 물건은 로봇 안 화물칸에 안전하게 보관되고, 로봇이 복잡한 도로와 인도를 지나서 여러분 집 앞에 도달할 때까지 **인공 지능(AI)** 시스템이 위치 센서와 카메라를 이용해 지시를 내려요.

3. 도시형 풍력 발전기

도시에서는 고층 빌딩 숲에서 바람이 사방팔방 어지럽게 불어서 일반 **풍력 발전기**는 잘 돌아가지 않아요. 도시형 풍력 발전기가 바람 잡아먹는 괴물처럼 생긴 것도 그 때문이지요. 구멍 송송 뚫린 공처럼 생긴 전방향 풍력 발전기는 사방에서 불어오는 돌풍까지 잡아 내 끊임없이 돌아가요. 그러면서 근처 상점에서 사용하는 전기를 생산하지요.

4. 스마트 재킷

과학자들이 전선, 센서, 마이크로 칩 같은 전자 부품이 들어간 옷감을 개발 중이에요. 개발이 성공하면, 평범한 옷이 놀라운 전자 장치가 되는 거예요. 언젠가 입은 사람의 기분에 따라서 옷이 색깔을 바꾸거나 불을 켤 거예요. 스마트 옷감은 여러분의 움직임을 **에너지**로 바꿀 수도 있어요. 으슬으슬할 때 운동을 하면, 옷에 설치된 소형 난방기가 켜져 몸을 훈훈하게 해 줄 거예요.

5. 자율 주행 도시

스스로 운전하는 자동차를 타면, 이동이 더 빠르고, 더 안전하고, 더 재미있을 거예요. 센서와 **인공 지능(AI)**이 설치된 자율 주행 자동차와 버스는 운전하는 사람 없이 알아서 도시를 돌아다닐 수 있어요. 또 가장 빠른 길을 찾아내고, 무선으로 다른 차들과 통신해 막히는 길을 피해 가고, 사고를 예방해요.

깨끗하게 달려 봐요

우리가 지금 이동하는 방식은 환경에 큰 충격을 줘요. 그렇다고 집에만 있을 수는 없으니까 더 깨끗하고 환경에도 좋은 교통수단이 필요해요. 새로운 교통수단은 이동 문제를 해결하는 동시에, 공간도 효율적으로 사용해야 해요. 도시에는 늘 공간이 모자라거든요.

무엇이 문제일까요?

자동차, 버스, 트럭은 이동하는 데 꼭 필요하지만, 꽁무니로 내뿜는 게 문제예요. 우리가 원하지 않은 가스와 연기 입자가 배기관에서 뿜어져 나와 공기에 섞여서 떠다녀요. 우리가 숨을 들이쉴 때마다 배기가스가 허파, 심장, 심지어는 뇌까지 들어가요. **대기 오염**은 환경과 생물은 물론이고 사람한테도 해를 끼쳐요. 도시에서는 수많은 차가 쉴 새 없이 돌아다니니까 대기 오염이 특히 심해요.

도로의 차들을 마법처럼 싹 사라지게 할 수는 없어요. 그러면 사람들이 원하는 곳으로 어떻게 가겠어요? 우리한테 필요한 건 환경친화적인 대안이에요. 새로운 교통수단이 **화석 연료**를 사용하는 자동차와 버스 수를 줄여 줄 거예요. 그러면 공기는 깨끗해지고, 자전거 도로, 걷는 사람들을 위한 길, 공원이 더 넓어져요!

택시 타고 하늘로

약속에 늦었다고요? 그럴 때는 하늘 택시를 타야죠! 미래에는 사람을 태우거나 화물을 싣고, 헬리콥터처럼 날개를 빙빙 돌리며 날아다니는 도시형 비행체가 등장할 거예요. 하늘 택시는 우리 머리 위에서 날아다니니까 지상 교통량도 줄 거예요. 창밖으로 보이는 풍경도 끝내주겠죠.

과학자들은 이런 비행체를 환경친화적으로 만들려고 해요. 그러려면 배터리의 힘으로 비행체가 날게 해야 해요. 이 아이디어를 실현하려면, 강력하면서도 가벼운 배터리가 필요한데, 아직 그런 배터리는 없어요. 과학자와 공학자들이 거의 해결책을 찾았지요. 한편, 지상에서 달릴 멋진 대안 교통수단도 한창 개발 중이랍니다.

멋진 자전거 도로

우리나라에는 차도 한가운데에 놓은 8킬로미터짜리 자전거 도로가 있어요. 자전거 도로 위에 설치한 **태양 전지판**이 자전거 타는 사람들에게 그늘을 만들어 주고 전기도 생산해요. 이 전기로 밤에 가로등을 켜고 **전기차** 충전도 하지요. 시내 중심가와 주택가 사이에 이런 자전거 도로를 놓으면, 길은 전기를 생산하고 사람들은 운동하며 출퇴근할 수 있어요. 오염 물질을 하나도 배출하지 않으면서 말이에요!

미래에서 온 듯한 자전거 도로는 다른 곳에도 있어요. 폴란드 한 도시에는 어두울 때 빛나는 자전거 도로가 있어요. 도로 표면의 발광 물질이 낮에는 햇빛을 흡수했다가 어두워지면 파란빛을 내는데, 이 빛이 밤에 자전거 도로를 밝혀 주지요. 중국 샤먼에도 특별한 자전거 도로가 있어요. 이곳 사람들은 복잡한 차도 대신에 지상 5미터 위에 놓인 자전거 '고가 도로'를 시원하게 달린답니다.

여행 계획을 짜 볼까요

공간을 최대한 활용하는 자전거 도로와 하늘 택시는 가까운 도시들 사이를 이동할 때 좋지만, 먼 거리 여행은 어떨까요? 장거리 여행에는 비행기가 잘 맞지요. 몇 시간 만에 수천 킬로미터를 이동할 수 있으니까요. 하지만 비행기는 엄청난 오염을 일으켜요. 그 때문에 과학자들이 지구를 여행하는 다른 방법을 찾고 있어요.

굉장한 자석

자기 부상 열차는 자기 공중 부양 기술로 달려요. 선로와 기차 아래에 설치한 강력한 자석들이 서로 밀어내는 힘으로 열차가 공중에 떠요. 선로 옆에 설치한 자석들은 공중에 뜬 열차를 밀어서 움직이게 하지요. 공중에 뜬 열차는 선로와 마찰을 일으키지 않아서, 시속 수백 킬로미터의 속도로 달릴 수 있어요.

일본의 고속 열차는 시속 320킬로미터로 달려요. 공학자들은 공기 저항을 줄이기 위해서 물총새 부리를 연구했어요. 물총새는 부리가 날렵해 물속으로 매끄럽게 다이빙할 수 있지요. 물총새 부리를 닮은 앞머리 덕분에 고속 열차가 조용하고 빠르게 달리는 거랍니다.

하이퍼루프를 달릴 차량을 설계하여 만드는 경쟁이 해마다 벌어져요. 우승자들이 만든 차량들은 시험용 튜브 속을 시속 450킬로미터 이상으로 빨리 달렸어요.

미친 듯이 달리기

자기 부상 열차가 달팽이처럼 보일 날이 올지도 몰라요. 김밥 도시락을 다 먹기도 전에 서울에서 출발한 열차가 부산에 도착한다고 상상해 보세요. 그러려면 시속 1,000킬로미터 이상으로 달려야 해요. 하이퍼루프 프로젝트의 목표가 바로 그거예요. 캡슐 모양 차량이 강력한 자석의 힘으로 공중에 떠서 긴 튜브 속을 내달리는 거예요. 튜브를 마찰이 거의 없는 운송 장치로 만들기 위해서, 빨대로 주스를 빨아서 먹을 때처럼, 튜브 속 공기를 쫙 빼내야 해요.

전송 완료

딸깍! 클릭 한 번으로 지구 어디에나 갈 수 있다면 멋지지 않을까요? 클릭! 바닷가! 클릭! 침대! 순간 이동 장치가 나올 것 같진 않지만, 삼차원 홀로그램을 이용한 가상 이동은 가능해요. **홀로그램** 전화가 이미 나왔으니까, 곧 집에 편히 앉아서 여러분을 지구 반대편으로 보내게 될 거예요. 진짜냐고요? 삼차원 영상을 보낸단 거죠.

구름 속을 나는 유람선

100년 전에는 **수소**를 가득 채운 빵빵한 비행선이 하늘을 나는 모습이 자주 보였어요. 하지만 수소가 불이 잘 붙는 물질이라서 위험했어요. 실제로 1937년에 한 비행선이 불에 타 추락했고, 그 뒤로는 비행선이 사라졌어요. 그런데 과학자들이 비행선을 다시 띄울 생각을 하고 있어요. 불이 붙지 않는 기체인 **헬륨**을 이용하자는 거예요. 태양광 프로펠러로 움직이는 헬륨 비행선을 타고 다른 나라로 여행할 날이 올까요? 문제는 헬륨이에요. 우주에서 두 번째로 많은 원소이지만, 지구에는 희귀해서 수집해서 보관하는 데 돈이 많이 들어요. 또 비행선은 비행기보다 매우 느려요(비행선은 기차와 비슷한 속도로 날거든요.). 이 아이디어가 실현되어 비행선이 날아오를 일은 없을 거 같아요.

1 로봇 선생님에게 문자 보내기　2 성장하는 옷　3 외국어가 없는 세상　4 공동묘지 과학　5 시민 과학

학교에서

학교에는 배울 게 많아요. 복잡한 수학 방정식도 풀고 태양광 전기 회로도 연결해야 해요. 공부하는 방법은 늘 변해 왔어요. 돌판에 분필로 써서 더하기를 하던 때도 있었지만, 지금은 집에서 온라인 비디오 학습을 하지요. 기술은 우리에게 새롭고 발전한 학습 방법을 제공하고, 변화하는 세상에 적응하도록 도와줄 거예요.

⑥ 살아 있는 벽　⑦ 태양 전지 학교　⑧ 가상 학습　⑨ 시원한 운동복　⑩ 달리는 보일러

1. 로봇 선생님에게 문자 보내기

어른들도 까다로운 질문에 대답하지 못할 때가 있다는 걸 알 거예요. 숙제하다가 어려운 문제를 만났을 때 그런 일이 생기면 짜증이 나겠죠? 걱정하지 마세요. 과학자들이 가상 선생님을 개발 중이니까요. **인공 지능**을 갖춘 로봇 선생님이 학생들의 질문에 자동으로 답을 하게 될 거예요. 미래에 원격 학습을 할 때, 로봇 선생님에게 도와 달라고 문자를 보내세요.

2. 성장하는 옷

여러분은 몇 달 만에 훌쩍 자라기도 해요. 그러면, 새 교복 바지가 짧아서 못 입어요. 정말 짜증 나겠죠? 종이접기에서 실마리를 얻어 만든 미래 옷감이 이런 짜증을 없애 줄 거예요. 옷 사러 가는 일도 줄여 줄 거고요. '팽창 구조 물질'이라고 부르는 이 옷감은 특수한 주름이 있어서, 넓고 길게 확장할 수 있어요. 이 옷감으로 만든 옷은 입은 사람의 몸에 맞춰 자랄 수 있지요.

1년 2년 3년 4년 5년

3. 외국어가 없는 세상

안녕! 차오! 메르하바! 지구 곳곳 사람들과 의사소통하면, 그들의 아이디어와 뉴스를 공유할 수 있어요. 미래에는 사용하기 쉬운 헤드폰이 통역가 역할을 대신할 거예요. 여러분이 다른 언어를 사용하는 사람과 대화할 때, 상대방이 하는 말이 헤드폰에 달린 마이크로 들어오면, 똑똑한 컴퓨터가 그 말을 여러분이 쓰는 언어로 바꿔 주는 거죠.

> 지구에서 가장 많은 사람이 쓰는 언어는 중국어예요. 10억 명이 넘는 사람들이 이 말을 쓴답니다.

你早, 你们好吗? 안녕, 잘 지내니?

4. 공동묘지 과학

편히 잠드소서.

사랑하는 사람이 죽으면 슬프고 괴로워요. 이렇게 슬픈 일에서 무언가 좋은 걸 찾을 수 있을까요? 날마다 150,000명이 넘게 죽는데, 시체는 대부분 화장장으로 가요. 화장장에서는 뜨거운 기체가 발생하는데, 이걸 학교 같은 근처 건물로 보내서 난방에 쓸 수 있어요. 오싹하다고요? 하지만 이건 버려지는 **에너지**를 다시 사용하는 똑똑한 방법이에요.

5. 시민 과학

같은 반 친구와 함께 '시민 과학' 프로젝트에 참여하세요! 온라인으로 할 수 있는 활동이 아주 많아요. 펭귄 사진에 태그를 달 수도 있고(그러면 펭귄 수를 셀 수 있어요.) 바다소의 울음소리에 귀를 기울일 수도 있어요. 직접 밖으로 나가 나비 수를 세거나 민달팽이를 본 장소와 시간을 기록하는 활동을 할 수도 있지요. 과학자들이 세계 곳곳에서 사람들이 이렇게 모은 데이터를 이용해 생물과 환경을 연구해요.

6. 살아 있는 벽

식물로 뒤덮인 벽은 과학 실험을 직접 하기에 아주 좋아요. 뿌리가 어떻게 자라고 꽃이 어떻게 피는지, 어떤 곤충이 식물 벽 서식지에 찾아오는지 직접 볼 수 있지요. 식물이 벽을 뒤덮은 건물은 여름에는 시원하고, 겨울에는 따뜻해요. 연구자들에 따르면, 사람들은 초록빛 잎을 보면 더 행복하다고 느낀대요!

7. 태양 전지 학교

햇볕이 잘 드는 교실에서는 책상이 빛을 전기로 바꿀 수 있어요. 그러면, 스마트폰 충전하기 좋겠죠 (선생님이 이미 압수했다면 할 수 없고요.). 소형 **태양 전지판**을 자전거 헬멧, 가방, 휴대용 스피커에도 설치할 수 있어요. 그렇게 하면, 태양의 힘으로 노래를 들으며 집에 갈 수 있을 거예요.

한 시간 동안 지구에 도달하는 태양 에너지는 6해 (600,000,000,000,000,000) 줄이에요. 이 정도 양이면, 모든 지구인이 1년 동안 사용할 수 있어요.

8. 가상 학습

증강 현실을 활용하면, 피 한 방울 흘리지 않고 개구리를 해부하고, 과거로 시간 여행을 하지 않고도 공룡들이 우르르 몰려다니는 걸 볼 수 있어요. 증강 현실은 여러분이 전자 장치의 카메라를 통해서 보는 장면 위에 물건, 사람, 동물 또는 정보를 더해요. 그러면, 물건이나 사람이 진짜 있는 것처럼 보이지만, 실제로는 화면에만 존재한답니다!

9. 시원한 운동복

미래 운동복에는 **세균**이 살 거예요(빨래를 안 해서 그런 게 아니에요.). 여러분이 땀을 흘리면, 세균이 부풀어 오르면서 덮개를 열어 시원한 바람이 들어와요. 땀이 마르면, 세균이 다시 쪼그라들어 덮개가 닫히지요. 이런 운동복을 입으면 축구 시합 내내 완벽한 온도를 유지할 수 있을 거예요.

10. 달리는 보일러

지하철이 달리는 터널은 숨 막힐 듯 더워요. 그 열을 버리지 않고 이용할 수 있어요. 환기구로 나오는 뜨거운 공기로 물을 데워서 근처 학교나 집으로 보내요. 그 물로 학교와 집 공기를 훈훈하게 데울 수 있어요. 여러분이 지하철을 타고 등교하는 것이 교실을 따뜻하게 하는 셈인 거죠.

지하 공간의 열은 대부분 열차가 속도를 높이거나 낮출 때, 그리고 터널 속을 지날 때 발생해요. 뉴욕 지하철의 온도는 41도까지 올라가기도 해요.

너무 더워!

찌는 듯이 더운 교실에 앉아 땀을 흘린 적이 있나요?
점심시간에 운동장 한가운데에서 덜덜 떨며 서 있었던 적도 있겠죠?
여름을 시원하게 지내거나 겨울을 따뜻하게 보내려면 많은 **에너지**를
써야 해요. 열을 발생시키거나 제거하는 일은 과학자와 공학자들이
여러 방법으로 해결하려고 노력해 온 과제예요.

무엇이 문제일까요?

사람은 수백 가지 방법으로 열을 이용해요. 학교의 하루를 떠올려
보세요. 교실 온도는 적당해야 하고, 체육 수업이 끝난 뒤에는
따뜻한 물로 씻어야 하고, 식당 음식도 뜨끈하게 데워야 해요.
학교에서 생활하는 데 이렇게 많은 열이 필요해요. 집에서도 물을
끓이거나 방을 훈훈하게 하는 데 열이 필요하지요.

일상생활 말고도 열이 필요한 일이 많아요. 자동차, 컴퓨터,
비닐봉지, 운동장을 비롯해 온갖 물건을 만드는 데 열이 들어가요.
이 책이 나오는 과정에도 열이 쓰였어요. 생활에 꼭 필요한 열은
어디에서 올까요? 대부분 문제가 많은 **화석 연료**를 태워서
생산해요. 그래서 과학자들이 열을 생산하는 새로운 방법을 찾고
있어요.

핵융합

다른 별들과 마찬가지로, 태양의 중심부에서는 **수소 원자핵**들이 서로 격렬하게 충돌해요. 그러다가 수소 원자핵들이 융합하여 **헬륨**이 되는데, 이때 **에너지**가 나와요. 지구에서도 이 방법으로 에너지를 생산하면 좋겠죠? 과학자들이 부지런히 방법을 찾고 있지만, 실현하기는 매우 까다로워요.

태양은 아주 거대해서 입자들이 쉽게 결합해요. 거대한 태양을 이루는 물질들은 **중력**의 힘으로 압축되어 있어요. 이 압력이 아주 강력해서 태양은 극도로 뜨거워요. 중심부 온도가 1,500만 도까지 올라갈 정도지요. 높은 압력과 온도 덕분에, 수소 원자핵들은 서로 밀어내는 힘을 이겨 내고 융합할 수 있어요. 두 자석을 같은 극끼리 붙여 본 적이 있나요? 서로 밀어내는 두 자석을 붙이려면 아주 센 힘이 필요하잖아요? 핵융합에도 그런 힘이 필요해요.

물질 1그램이 핵융합할 때 나오는 열로 수영장에 가득 찬 물을 끓일 수 있어요.

끝내주는 해결책

지구에서 **핵융합**을 일으키려면 엄청난 물리학을 동원해야 해요. 지구에는 태양만큼 어마어마한 물질이 없기 때문에, 핵융합 원자로의 내부 온도를 1억 도까지 올려야 해요. 이미 과학자들이 실험을 진행하고 있지만, 쉽지 않은 일이에요. 성공하려면 30년은 더 걸릴 거예요. 만약, 태양에서 벌어지는 핵융합을 지구에서 일으키는 데 성공한다면, 우리한테는 거의 무한한 에너지원이 생기는 거예요. 탄소 배출 걱정도 할 필요가 없지요.

시원하게 지내려면

지구가 점점 뜨거워지고 있어요. 그래서 우리 자신과 주변 환경의 온도를 내릴 새로운 기술이 필요해졌지요. 땀을 비 오듯 흘리며 지내고 싶은 사람은 아무도 없으니까요. 에어컨을 틀면 좋겠지만, 에어컨은 **에너지**를 마구 잡아먹어요. 그래서 공학자들은 에어컨을 대신할 좀 더 시원한 대안을 찾고 있지요.

땀, 저리 가!

동물들의 놀라운 기술을 본떠서 만든 미래 옷이 몸 온도를 낮춰 줄 거예요. 동물들은 다양한 방법으로 몸의 열기를 식혀요. 코끼리는 커다란 귀를 펄럭이고, 돼지는 진흙 구덩이에서 뒹굴어요. 독수리는 좀 더럽기는 한데, 자기 다리에 똥을 눠요. 이런 방법을 바로 써 보겠다고요? 그랬다간 학교에서 쫓겨날 테니, 안 하는 게 좋아요. 다행히, 사람한테도 제법 쓸모 있는 방법이 있어요. 바로 땀 흘리기죠. 땀으로 배출된 수분은 피부에서 **증발**하는데, 이때 열도 빼앗아 가지요.

이 원리를 이용한 티셔츠 겉감은 스펀지 비슷한 소재로 만들어요. 여러분이 땀을 흘리며 축구장에서 뛰어다니는 동안, 티셔츠를 스치는 바람이 땀의 수분을 천천히 증발시켜요. 그러면 몸 온도가 내려가요. 티셔츠 안감에는 방수 기능이 있어서 몸이 축축해지는 걸 막아 주지요.

사람 몸에는 약 500만 개의 땀샘이 있어요. 땀샘이 가장 많은 곳은 손바닥과 발바닥이에요.

순간 냉장고

무더운 날에는 차가운 음료가 최고죠. 하지만 아무 때나 마시려면 밤낮없이 냉장고를 돌려야 해요. 냉장고를 돌리려면 **에너지**가 많이 들어요. 에너지 말고도 문제가 또 있어요. 냉장고를 버리면 안에 들어 있던 **온실가스**가 **대기**로 새 나가요. 냉장고 속 채소들은 초록빛이지만, 냉장고는 초록빛 환경에 해를 끼치는 거죠. 환경에 좋은 냉장고를 만드는 건 매우 어려운 일이라서, 지구에서 가장 똑똑한 사람들조차 거듭 실패했어요(알베르트 아인슈타인도 도전한 적이 있어요.). 최근에야 공학자들이 미래 기술로 무장한 기계를 발명했는데, 이 기계는 1분 안에 탄산음료를 차갑게 식힐 수 있어요. 전기 주전자가 하는 일을 거꾸로 하는 셈이죠! 이 기계는 자판기의 냉장 장치나 작은 냉장고 대신 쓰기에는 완벽해요. 하지만 대형 냉장고에 쓰기에는 아직 부족해요. 이제 시작 단계니까 좀 더 기다려 보세요.

항아리 냉장고

선생님들도 가끔 좋은 아이디어를 내요. 무함마드 바 아바라는 나이지리아 선생님이 항아리 속 항아리 냉장고를 발명했어요. 이 냉장고는 전기를 전혀 안 써요. 무함마드 선생님의 냉장고는 **액체**를 **증발**시켜 열을 제거해요. 땀과 같은 원리지요. 여러분도 만들어서 점심때까지 도시락을 신선하게 보관하는 데 써 볼래요?

1. 큰 항아리 하나, 그보다 작은 항아리 하나가 필요해요. 바닥에 구멍이 없어야 해요.
2. 작은 항아리를 큰 항아리 안에 넣고, 두 항아리 사이에 모래를 채워요.
3. 모래가 푹 젖도록 물을 충분히 부어요. 모래가 마르지 않도록 수시로 물을 부어 주세요.
4. 작은 항아리 안에 차갑게 식힐 음료 따위를 넣고 축축한 천으로 덮어요.
   친환경 냉장고 완성!

① 이끼 감시 장치 ② 감자 숟가락 ③ 두꺼비 고속도로 ④ 에너지 생산 놀이 ⑤ 개똥 가로등

공원에서

나무와 꽃과 풀로 가득 찬 숲에서 지내면 건강에 아주 좋아요. 이건 과학자들이 증명한 사실이에요. 숲은 수많은 생물이 사는 곳일 뿐만 아니라, **이산화탄소를 흡수하고 산소를 내놓아요.** 미래에는 자연을 보호하는 기막힌 장치와 시설이 설치된 공원이 많이 생길 거예요.

⑥ 발전기 나무   ⑦ 꿀벌을 지키는 벌통   ⑧ 물고기 랩   ⑨ 꽃가루받이 드론

1. 이끼 감시 장치

복잡한 기계가 없어도 공기가 얼마나 깨끗한지 확인할 수 있어요. 이끼를 이용하면 되니까요. 이끼는 주변 공기에서 수분과 영양분을 흡수해요. 공기 속 오염 물질도 빨아들이지요. 흡수한 오염 물질에 따라서 이끼의 크기, 모양, 색깔이 달라져요. 그러니까 이끼의 건강을 확인하면 주변 공기가 오염되었는지, 아니면 깨끗한지 알 수 있어요.

2. 감자 숟가락

플라스틱 숟가락이나 포크는 쓰기 편하고 단단해요. 하지만 일회용이라서 한 번 쓰고 나서 버리는 양이 엄청나요. 이 문제를 해결하는 한 방법이 감자 숟가락이에요. 기발한 기술 덕분에 감자로 숟가락이나 포크를 만들 수 있어요. 도시락을 먹은 뒤에 감자 숟가락을 땅에 꽂아 두면, 자연히 분해되어 토양 영양분이 된답니다.

3. 두꺼비 고속도로

지구가 점점 더워지면, 시원한 기후를 찾아서 이동하는 동물들이 늘어날 거예요. 이들을 도우려면, 전 세계 공원들과 도시들을 연결하는 '야생 동물 이동 회랑'이 필요해요. 야생 동물이 이용하는 고속도로를 만들어 주는 거죠. 이 고속도로에는 나무와 풀이 빽빽하게 자라야 해요. 사람의 간섭을 받지 않는 고속도로 연결망 속에서, 동물들이 안전하게 살고 이동할 거예요.

4. 에너지 생산 놀이

이런 연이 있으면, 놀면서 **에너지**를 생산할 수 있어요. 연이 바람을 타고 나는 동안, 연에 설치한 팬이 발전기를 돌려 전기를 생산해요. 전기는 연줄을 타고(연줄 안에 전선이 있지요.) 얼레 속 배터리로 흘러가요. 바람이 많이 부는 바다에서 사용하면 좋겠죠?

5. 개똥 가로등

날마다 개 수백만 마리가 공원으로 산책을 나와요. 개들이 싸 놓은 엄청난 똥을 치우는 일은 만만치 않아요. 한 발명가가 기발한 해결책을 찾아냈어요. 바로 개똥 가로등! 가로등 아래 통에 개똥을 넣고 손잡이를 다섯 번 돌리면, 개똥이 **생물 소화조**로 떨어져요. **생물 소화조** 안에서는 **세균**들이 개똥을 먹어 치우고 **메테인**을 배출하지요. 이 메테인 가스로 가로등에 불을 켜요.

> 큰 똥 열 덩어리로 가로등을 두 시간 동안 켤 수 있어요.

6. 발전기 나무

바람을 낚아채는 '바람 나무'는 소형 전기용품에 사용할 전기를 생산해요. 이 나무의 이파리는 소형 발전기인데, 약한 바람에도 돌아가면서 발전을 하지요. 전기는 철로 만든 가지를 타고 흘러가 줄기에 저장돼요. 이런 최첨단 나무가 생산하는 전기는 얼마 안 되지만, 밤에 산책로를 밝히기에는 충분하답니다.

7. 꿀벌을 지키는 벌통

여름이 오면 벌들은 **꽃가루받이**를 해 주느라 바빠요. 이 꽃에서 저 꽃으로 꽃가루를 옮겨 주어 식물이 씨를 맺을 수 있도록 돕는 거죠. 그런데 **지구 온난화**와 사람들이 해충을 쫓느라 식물에 뿌리는 화학 약품 때문에, 슬프게도 벌들이 죽고 있어요. 센서를 설치한 벌통은 벌들이 병들거나 이상한 행동을 보이면 양봉가에게 경고를 보내요. 그렇게 해서 양봉가들이 꿀을 수확하는 일꾼들을 건강하게 돌볼 수 있도록 돕는 거예요.

8. 물고기 랩

물고기로 식품을 만들 때, 보통은 비늘과 껍질을 제거해서 버려요. 이걸로 식품을 포장하는 재료를 만들 수 있는데 말이에요. 비늘과 껍질을 **조류**와 섞어서 투명한 랩을 만들 수 있어요. 오랫동안 썩지 않는 플라스틱 랩과 달리, 친환경 물고기 랩은 다른 음식에 섞여도 자연히 분해돼요. 물고기를 내준 바다에 좋은 일이죠!

9. 꽃가루받이 드론

박쥐, 나비, 나방의 수도 줄고 있어요. 이들도 꽃가루를 옮겨 주는 동물들인데 말이에요. 소형 비행 로봇이 위기를 해결해 줄지도 몰라요. **꽃가루받이** 프로그램을 심어 주면, 곤충처럼 생긴 **드론**들이 꽃들 사이를 떼지어 날아다니면서 꽃가루를 옮길 거예요.

생물 다양성은 힘이 세요

동물과 식물을 비롯해 지구의 다양한 생물이 어우러져 사는 모습을 **생물 다양성**이라고 해요. 지구의 생물 다양성은 수천만 년 동안 이루어진 진화의 결과예요. 생물들은 사막의 열기와 극지방의 추위 같은 다양한 환경에 적응하고, 포식자를 피하고 먹잇감을 잡는 과제를 해결하면서 지금까지 살아남았어요. 생물들이 적응한 방법에서 놀랍도록 많은 걸 배울 수 있어요. 우리가 자연을 보살피면, 자연도 우리를 도울 거예요.

무엇이 문제일까요?

지구에는 식물과 동물이 870만 종쯤 살고 있어요. 과학자들은 그 가운데 100만 종이 **멸종** 위기에 놓여 있다고 추정해요. 생물은 자연적인 이유로 멸종하기도 하지만, 사람이 **생태계**에 해를 끼쳐 멸종하는 종이 점점 늘어나요. **생태계**는 거미줄처럼 서로서로 연결되어 있어요. 어느 것이나 다른 것에 의존하지요. 나무를 떠올려 볼까요. 나뭇잎에 곤충들이 살고, 새들은 곤충을 잡아먹어요. 새똥은 나무줄기 아래에서 자라는 버섯에 도움을 주지요. 버섯은 뿌리 사이에 굴을 파는 오소리에게 먹혀요. 생태계의 한 부분을 건드리면, 나머지도 모두 영향을 받아요! 그래서 생물 멸종 속도를 늦추어 생물 다양성을 보존하려면, 환경과 그 안에 있는 모든 것을 보살펴야 해요.

나무 바다

전 세계 동물과 식물의 절반가량이 열대 우림에 살아요. 독화살개구리, 분홍돌고래, 새잡이거미 같은 특이한 동물들도 열대 우림에 살지요. 열대 우림은 엄청난 양의 탄소를 흡수하고 저장해서 **지구 온난화**의 충격을 줄여 줘요. 또 열대 우림에 사는 식물들은 약을 만드는 재료로 쓰이기도 해요.

지구에서 가장 넓은 열대 우림은 아마존이에요. 그 넓이가 670만 제곱킬로미터나 되지요. 그만큼 나무가 많아서, 나뭇잎에서 나오는 수증기만으로 구름이 생겨서 비가 내려요. 그래서 숲이 늘 시원하고 촉촉해요. 그런데 사람들이 해마다 수많은 나무를 잘라 내어 서식지를 파괴하고 있어요. 참 불행한 일이죠. 숲 파괴를 멈추지 않으면, 비가 자주 내리고 습기가 많은 기후가 더는 유지되지 않을 수도 있어요. 그렇게 되면 아마존 열대 우림이 뜨겁고 건조한 초원으로 빠르게 변할 거에요.

과학자들의 계산에 따르면, 파괴된 아마존 열대 우림을 복구하고, 더 크게는 **기후 변화**를 막는 가장 좋은 방법은 숲을 다시 가꾸는 거예요. 도끼질을 멈추고 나무를 심는 것이 우리 할 일이에요! 수백만 그루의 나무를 키움으로써, 열대 우림 **생태계**를 회복시키고 건강하게 지킬 수 있어요. 또 이 일은 성능이 가장 뛰어난 초록빛 탄소 수집 장치를 세우는 것과 마찬가지예요. 지구 곳곳에서, 여러 나라가 많은 나무를 심을 계획을 세우고 있어요. 파키스탄은 이미 부지런히 나무를 심고 있는데, 3년 뒤에는 나무 10억 그루가 자라는 숲이 생길 거에요.

자연한테 배워요

우리 행성의 생물 다양성을 보존하려면 새로운 아이디어가 필요해요. 한편, 생물들의 놀라운 생존 능력을 잘 살펴보면, 똑똑한 발명 아이디어를 얻을 수 있지요. 자연은 기발하고, 온갖 문제의 해결책을 이미 찾아냈어요. 자연에서 아이디어를 얻는 것을 **자연 모방**이라고 해요.

두꺼비에게 먹히면, 폭탄먼지벌레는 독성 액체를 발사해요. 그러면, 두꺼비가 폭탄먼지벌레를 산 채로 토해요.

딱정벌레의 폭격

폭탄먼지벌레의 작은 몸은 화학 반응 장치이자 뛰어난 생명 공학 실험실이에요. 이 곤충은 꽁무니에서 뜨거운 독성 액체를 발사해요. 포식자를 물리치는 데 최고죠! 폭탄먼지벌레의 배 안에는 두 가지 화학 물질이 따로 보관되어 있어요. 두 물질이 섞이면 강한 열이 발생하는 화학 반응이 일어나는데, 이 힘으로 독물을 맹렬하게 발사해요. 과학자들은 이 곤충의 놀라운 신체 구조를 응용해서, 사람 몸에 약물을 주입하는 더 좋은 방법을 찾고 있어요. 예를 들어, 천식 환자들에게 필요한 새로운 흡입기를 만드는 거죠. 공학자들이 화재의 종류에 따라서 큰 방울이나 안개처럼 미세한 방울을 내뿜는 소화기를 만들 수도 있을 거예요.

물을 모으는 딱정벌레

나미브사막에 사는 나미브사막거저리라는 딱정벌레한테도 배울 게 있어요. 이 곤충은 아침에 모래 언덕을 떠도는 안개에서 물을 수집해요. 사막에서 살아남는 기술이지요. 바람을 향해 꽁무니를 높이 들어 물구나무서고 있으면, 날개의 특별한 돌기들에 물방울이 맺혀요. 이 물방울들이 등에 패인 방수 골을 타고 흘러서 입으로 굴러떨어져요. 공학자들이 이 곤충의 구조를 응용해서, '응축기'를 설계하고 있어요. 응축기는 공기 속 수증기를 물로 만드는 장치로, 덥고 습한 지역에서 물을 공급하는 역할을 할 수 있지요.

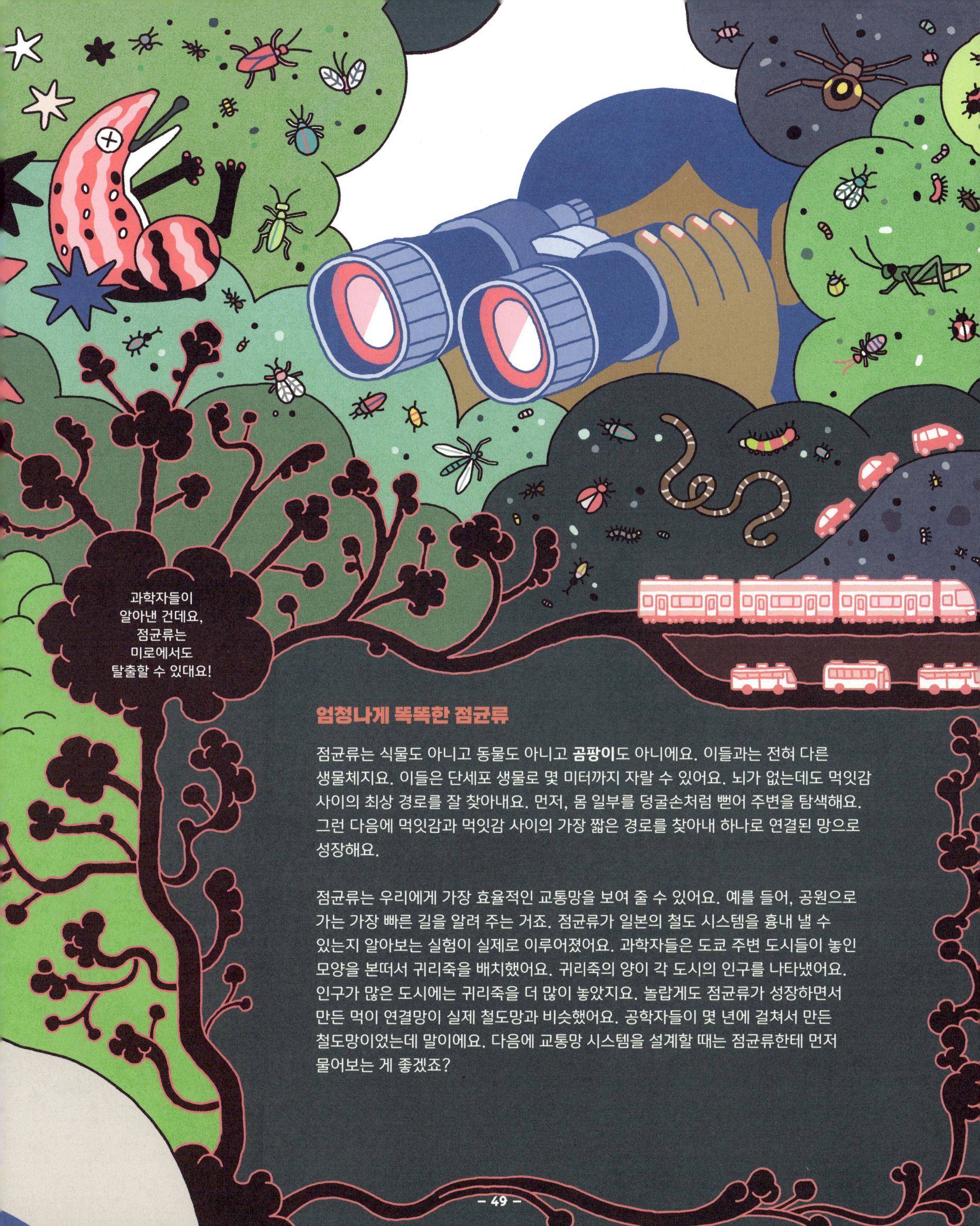

과학자들이 알아낸 건데요, 점균류는 미로에서도 탈출할 수 있대요!

엄청나게 똑똑한 점균류

점균류는 식물도 아니고 동물도 아니고 **곰팡이**도 아니에요. 이들과는 전혀 다른 생물체지요. 이들은 단세포 생물로 몇 미터까지 자랄 수 있어요. 뇌가 없는데도 먹잇감 사이의 최상 경로를 잘 찾아내요. 먼저, 몸 일부를 덩굴손처럼 뻗어 주변을 탐색해요. 그런 다음에 먹잇감과 먹잇감 사이의 가장 짧은 경로를 찾아내 하나로 연결된 망으로 성장해요.

점균류는 우리에게 가장 효율적인 교통망을 보여 줄 수 있어요. 예를 들어, 공원으로 가는 가장 빠른 길을 알려 주는 거죠. 점균류가 일본의 철도 시스템을 흉내 낼 수 있는지 알아보는 실험이 실제로 이루어졌어요. 과학자들은 도쿄 주변 도시들이 놓인 모양을 본떠서 귀리죽을 배치했어요. 귀리죽의 양이 각 도시의 인구를 나타냈어요. 인구가 많은 도시에는 귀리죽을 더 많이 놓았지요. 놀랍게도 점균류가 성장하면서 만든 먹이 연결망이 실제 철도망과 비슷했어요. 공학자들이 몇 년에 걸쳐서 만든 철도망이었는데 말이에요. 다음에 교통망 시스템을 설계할 때는 점균류한테 먼저 물어보는 게 좋겠죠?

① 하늘의 스파이　② 숲 농장　③ 잡초의 기적　④ 채소 빌딩　⑤ 채소 키우는 물고기

농장에서

현재 지구 인구는 76억 명이 넘어요. 먹여야 할 입이 정말 많죠. 환경도 지키면서 이들에게 건강한 음식을 충분히 공급하는 일은 엄청난 과제예요. 이 과제를 수행하려면 엄청난 미래 농업이 필요해요.

⑥ 가축 센서　⑦ 로봇 농부　⑧ 초록빛 저택　⑨ 외계 농장

1. 하늘의 스파이

드론을 띄워 농토를 돌보는 농부들이 점점 늘어나요. 카메라와 센서를 장착한 드론이 농토 위를 윙윙 날아다니면서 물을 줄 곳은 없는지 **곰팡이**나 해충이 퍼지지 않았는지 감시해요. 씨를 뿌리거나 땅에 필요한 양분을 살포하는 드론도 개발되었어요.

2. 숲 농장

언젠가는 농장이 마치 숲처럼 보일 날이 올 거예요. 일부 선구적인 농부들은 작물을 기르기 위해 나무를 베고 잡초를 제거하지 않고, 베리 덤불, 견과류 나무, 잎채소를 함께 길러요! 이렇게 숲 농장을 가꾸는 농법은 전통 농법보다 할 일이 적고, 수백 종의 식물이 함께 자라기 때문에 질병과 **기후 변화**에도 더 잘 견뎌요. 숲 농장은 **생물 다양성**이 풍부한 자연 **생태계**랍니다.

3. 잡초의 기적

잡초를 뽑으려고요? 다시 생각해 보세요. 야생 식물들은 보통 질병과 해충에 강하고, **지구 온난화**로 생기는 홍수나 폭풍 같은 기후 재난에도 더 잘 견뎌요. 과학자들이 잡초를 농작물과 **이종 교배**하는 연구를 하고 있어요. 잡초의 장점을 물려받은 새 품종을 탄생시키려는 거예요.

4. 채소 빌딩

농장을 넓힐 땅이 부족한가요? 그렇다면 위로 넓히면 되죠. 수직 농장은 농사지을 땅이 부족한 도시 환경에 딱 맞는 해결책이에요. 사용하지 않는 공장 내부나 아파트 단지에 채소를 여러 층으로 쌓아서 기를 수 있거든요. 수직 농장에는 장점이 또 하나 있어요. 물, 햇빛, 비료를 필요한 만큼만 줄 수 있어요. 그래서 낭비가 없어요.

5. 채소 키우는 물고기

아쿠아포닉스! 이 말의 뜻은 간단해요! 물고기를 키우는 물로 식물을 재배하는 거예요. 어떻게 하냐고요? 물탱크에서 물고기를 길러요. 당연히 먹이도 줘야죠. 그러면, 물고기가 다른 동물들처럼 똥과 오줌을 눠요. 이 물을 채소가 자라는 통으로 끌어올려요. **세균**들이 물고기 똥과 오줌을 영양분으로 바꾸고, 채소 뿌리가 이걸 흡수하면 물이 깨끗해져요. 그 물은 물고기 탱크로 되돌려보내요.

6. 가축 센서

목이나 다리에 부착한 센서로 가축들의 상태를 파악할 수 있어요. 소나 닭이 자는지, 먹이를 먹는지, 돌아다니는지 센서가 알려 주니까요. 심지어 가축의 체온도 센서가 측정해요. 센서가 보내는 정보를 보고, 농부들은 가축의 건강, 활동량, 행동 방식을 알아내요.

7. 로봇 농부

농장에는 할 일이 정말 많아요. 씨앗을 뿌리고 물을 주는 게 다가 아니에요. 다행히, 로봇의 도움을 받을 수 있답니다. 공학자들이 설계한 로봇은 느긋하게 돌아다니면서 다양한 작업을 해요. 딸기도 따고 채소도 심지요. 로봇 농부가 잠도 안 자고 꼼꼼하게 농장을 돌보니까, 쓰레기는 줄고, 물과 해충을 죽이는 약품도 절약할 수 있어요.

8. 초록빛 저택

농촌에 가면, 아주 커다란 온실들이 끝없이 늘어선 모습을 볼 수 있어요. 투명한 벽이 열이 빠져나가지 못하게 막아서, 온실 안은 따뜻해요. 토마토, 후추, 멜론이 잘 자라는 환경이지요. 머지않아 도시에도 온실 역할을 하는 거대한 투명 돔이 들어설 거예요. **태양 전지판**과 스마트 센서까지 갖춘 투명 돔이 미래 농장의 모습이에요.

9. 외계 농장

태양계에서 생명체가 살 가능성이 가장 큰 행성은 화성이에요. 물론, 지구는 빼고요. 과학자들이 화성과 똑같은 환경에서 농작물을 키우는 방법을 연구하고 있어요. 2100년에는 인구가 110억 명까지 늘어날 텐데, 일부 사람들이 지구를 떠나 붉은 행성인 화성에서 살게 될지도 몰라요. 그러려면 낯선 환경에서 먹을거리를 키우는 방법을 알아야 하거든요!

땅을 보살펴요

지구 땅의 38%가 농업에 쓰여요. 먹을거리를 기를 땅을 확보하느라 사람들이 야생 서식지를 파괴하고 있어요. 야생 서식지가 대기의 **이산화탄소**를 흡수하고, 공기와 물의 오염을 정화하고, 지구의 **생물 다양성**을 보존하는데 말이에요. **기후 변화**가 심해져 맹렬한 더위나 땅이 쩍쩍 갈라지는 가뭄 같은 극단적인 날씨가 점점 자주 나타나요. 그에 따라서 땅의 질도 점점 나빠지고 있어요. 이제 우리가 땅을 돌볼 때가 되었어요.

무엇이 문제일까요?

사람은 먹어야 사니까 농작물과 가축을 기를 땅이 필요해요. 사람들은 대규모 농업에 필요한 공간을 확보하기 위해서 숲을 비롯한 자연환경을 파괴해 왔어요. 나무를 베어 낸 땅에서 거대한 기계와 화학 약품을 대량으로 사용해서 한 가지 작물만 기르지요. 그런 땅에서는 다른 식물과 곤충이 자라지 못해요. 이런 방식으로 농작물을 기르면, 땅의 질은 점점 나빠져요. 흙 속의 양분은 사라지고 **생태계**도 완전히 파괴되지요.

되살리면 돌아와요

좁은 지역에서 식량을 생산하는 방법을 찾는 동시에 땅을 건강하게 만드는 길도 찾아야 해요. 삼림, 맹그로브 숲, 습지를 되살리면, 우리 행성이 더 건강해지고 거기에 깃들여 사는 동물들도 도울 수 있어요. 서식지를 되살려서 식물이나 동물이 다시 살도록 하는 일을 '생태 복원'이라고 해요. 영국에서는 시골 지역에 비버가 다시 살도록 했어요. 그랬더니 비버가 사는 지역에 개구리알이 늘어나고 곤충과 식물이 번성했어요. 비버가 지은 댐은 물을 정화하고 홍수 위험도 줄인대요! 루마니아에서는 비버보다 훨씬 큰 들소를 산악 지역에 복원했어요. 들소들이 떼를 지어 다니면서 풀을 뜯어 먹는 덕분에 다양한 식물이 자랄 수 있게 되었어요. 들소가 여기저기 누는 똥은 씨앗과 영양분을 퍼뜨려요.

매머드 복원 계획

멸종한 매머드를 되살리려는 과학자들도 있어요. 그들의 목표는 빙하 시대에 살던 거대 동물이 다시 북극 툰드라를 누비도록 하는 거예요. 북극 지방의 넓은 땅은 빙하 시대부터 지금까지 꽁꽁 얼어붙어 있었어요. 그런데 **지구 온난화**로 **영구 동토**가 녹으면서, 그 안에 갇혔던 식물들이 **이산화탄소**와 **메테인**을 내뿜으며 썩기 시작했지요. 이런 상황에서 매머드가 복원되면 무슨 일이 생길까요? 매머드가 쿵쿵 돌아다니면서 햇빛을 흡수하는(그만큼 기온이 올라가요.) 나무와 덤불을 짓밟아요. 그 자리에 햇빛을 더 많이 반사하는(그만큼 기온이 내려가요.) 풀이 자라지요. 또 매머드가 느릿느릿 걸으며 눈을 짓누르면, 한겨울의 차가운 기온이 더 깊은 땅속까지 전달되어서 영구 동토가 꽁꽁 언 상태를 유지해요.

과학자들은 얼음 속에 보존된 매머드 사체를 연구해요. 사체에서 **디엔에이(DNA)**를 채취해 실험실에서 **유전자**를 복원하려는 거죠. 복원에 성공하면, 매머드 유전자를 매머드의 친척인 아시아코끼리의 유전자와 결합할 계획이에요. 매머드와 코끼리의 잡종을 탄생시키려는 거예요.

지구에 휴식을!

우리가 매머드가 다시 나타나기를 기다리는 동안, 농부들은 땅을 복원하고 건강하지 못한 흙에 새로운 활력을 줄 방법을 찾고 있어요. 한 가지 방법은 야생 동물을 복원하는 거예요. 다른 방법도 어려울 게 없어요. 아무것도 안 하면 되니까요. 땅 위나 땅속에 사는 생물을 돕는 길은 그들에게 휴식을 주는 거예요.

게으른 게 좋을 때도 있어요

사람이 개입하지 않으면, 자연은 제 갈 길을 찾아가요. 보통은 더 풍성해지지요. 영국의 한 농장 주인은 땅을 야생에 되돌려 주었어요. 비료와 농약을 사용하는 집약적인 방식으로 몇 년 동안 농사를 지었더니, 농장 땅이 작물을 기르거나 가축이 먹을 풀이 자라는 데 알맞지 않은 곳이 되어 버렸어요. 농부는 땅을 자연에 맡겨 치료하기로 했어요. 얼마 뒤부터 나무, 풀, 꽃들이 돌아왔어요. 송골매 같은 희귀한 새들도 나타났지요. 소와 돼지는 마음대로 돌아다니며 알아서 먹이를 찾아 먹었어요. 농부는 가축을 돌볼 일이 거의 없었어요! 좋은 뜻으로 게을러지는 데 꼭 넓은 땅이 필요한 건 아니에요. 집에 정원이 있다면, 한 부분은 야생에 맡기자고 부모님을 설득해 보세요.

지구에 숨 쉴 틈을 줘요

지구를 혼자 내버려 두는 한 가지 방법은 우리가 이사 가는 거예요. 어디로? 우주로! 가장 유명한 아이디어는 물리학자 오닐이 제안한 원통형 우주 거주지예요. 오닐 실린더라고 부르지요. 지름이 8킬로미터, 길이가 32킬로미터인 원통 두 개가 서로 반대 방향으로 회전하고, 각 원통에는 거대한 자전거 바퀴처럼 생긴 농업 구역이 붙어 있어요. 이 우주 거주지는 빠르게 회전해요. 인공 **중력**을 만들어 주민들이 원통 안에서 지구에서처럼 살게 하려는 거예요. 지구인들이 우주로 이사하면, 농사에 쓰던 땅이 힘을 회복할 시간을 갖게 되겠죠. 우리가 지금 밟고 있는 땅이 당장 쉬고 싶다고 외치고 있으니까 한번 고민해 보세요.

흙을 구해요

흙 속에는 수많은 생물이 살아요. 흙 1그램에는 **세균**, 바이러스, **곰팡이** 같은 **미생물**이 수십억 마리쯤 살아요. 이런 미생물들이 지렁이나 개미 같은 땅속 동물들과 함께 흙을 기름지게 만들어요. 그런 흙이라야 식물이 잘 자라요. 우리가 먹는 음식의 95%가 흙에서 자라지요.

농사가 흙 **생태계**를 망가뜨리거나 아예 파괴할 수도 있어요. 큰 문제지요. 상태가 안 좋은 흙은 물을 잘 흡수하지 못하고 영양분도 부족해요. 그런 흙에서는 식물이 잘 자라지 못해요. 농부들은 흙의 건강을 살피기 위해서 우주에 떠 있는 인공위성을 이용해요. 인공위성으로 너무 건조하거나 습한 곳이 없는지 살펴보지요. 지상에서는 센서로 흙의 산성(레몬의 신맛을 내는 성분), 질감, 온도를 측정해요. 토양 감시 프로그램이 이런 정보를 받아서 전 세계 농토의 상태를 기록하고 있지요.

바닷가에서

바닷가는 햇빛 쨍쨍한 여름날을 보내기에 완벽한 곳이에요. 햇빛, 바다, 모래……. 그리고 엄청난 쓰레기! 우리에게는 바닷가를 깨끗하게 치우고 바다 생물을 보호할 방법이 있어요. 쓰레기를 먹어 치우는 괴물을 만들 수도 있고, 병으로 집을 지을 수도 있지요. 자, 이제 모른 척하는 건 그만두고 바다 환경 전사가 되어 볼까요.

6 유리병 모래　　7 페그물 배구　　8 미아 물고기를 찾는 방송　　9 미세플라스틱 사냥

2. 친환경 간식

친환경 매점에서는 무엇을 팔까요? 실험실에서 키운 양고기버거, 귀뚜라미 뒷다리, 버섯과 귀여운 콩알로 만든 소시지. 음, 맛도 좋고 환경에도 좋겠어요.

1. 쓰레기 먹보

한 기발한 발명가가 항구에 떠다니는 쓰레기를 먹어 치우는 괴물을 설계했어요. 괴물 입에 달린 갈퀴가 쓰레기를 컨베이어 벨트로 끌어올려요. 그러면 괴물이 쓰레기의 물기를 제거한 다음에 꽁무니 안에 든 쓰레기통으로 던져 버리지요. 괴물을 움직이는 동력은 **태양 전지판과 파도**예요.

3. 살아 있는 필터

굴이 바다를 깨끗하게 할 수 있어요. 이 놀라운 연체동물은 바닷물을 빨아들여 아가미로 **식물 플랑크톤**을 걸러서 먹어요. 그러면서 위험한 화학 물질과 오염 물질도 제거해요. 바닷속 바위에 다닥다닥 붙어서 사는 굴들이 자연 필터로 일하는 거예요.

굴 한 마리가 하루에 200리터의 물을 정화해요.

4. 바닷물 램프

필리핀 과학자 아이사 미헤노가 바닷물을 전기로 바꾸는 램프를 발명했어요. 소금물을 넣으면 불이 켜지는 램프지요. 이 과학자는 필리핀의 외딴곳에 사는 사람들이 전기가 들어오지 않아 석유램프를 쓰는 걸 보고 아이디어를 떠올렸어요. 석유램프를 쓰다가 불이 나면 위험하잖아요. 그래서 석유 대신에 소금물로 불을 켜는 방법을 찾아낸 거예요.

5. 오징어 이빨 수영복

오징어가 먹이를 잡을 때 사용하는 다리의 빨판에는 잘 늘어나고 면도날처럼 날카로운 이빨이 고리 모양으로 촘촘히 박혀 있어요. 이빨을 이루는 물질은 '서커린'이라는 단백질이에요. 과학자들이 이 단백질로 수영복에 딱 맞는 강하고 탄력 있는 재료를 만들었어요. 오징어 이빨 섬유는 찢어지면 스스로 수선해요. 이 섬유는 실험실에서 만들 수 있으니까 살아 있는 오징어에게 해를 끼치는 건 아니랍니다.

6. 유리병 모래

모래가 해변에만 있는 건 아니에요. 건물 벽에도 있고 창문에도 있어요. 심지어는 도로에도 있어요. 사람들이 날마다 사용하는 모래의 양은 커다란 성을 수천 채 짓고도 남을 만큼 어마어마해요. 빈 유리병 회수 기계로 유리병을 갈아서 인공 모래를 만들 수 있어요. 유리병을 재활용해서 천연 모래를 아낄 수 있으니까 환경을 보존하는 좋은 방법이지요.

폐타이어로 배구공을 만드는 재료를 만들 수도 있지요.

7. 폐그물 배구

한 해에 바다에 버려지는 고기잡이 도구가 60만 톤이 넘어요. 많은 바다 동물이 사람이 버린 그물에 걸려 죽고 있어요. '굿 네트 프로젝트'라는 단체는 버려진 폐그물을 수집해서 새로운 것을 만들어요. 그게 무엇일까요? 바로 배구 네트예요!

8. 미아 물고기를 찾는 방송

기후 변화로 바닷물 온도가 올라가는 바람에 산호가 하얗게 변해 죽어 가요. 이걸 **산호 백화 현상**이라고 해요. 이 때문에 산호초에 살던 생물들이 하나둘 떠나가고 있지요. 오스트레일리아의 대보초에서도 같은 일이 벌어졌어요. 과학자들은 방수 스피커로 건강한 산호초 지대에서 나는 소리를 내보냈어요. 새우가 딱딱거리고 물고기가 뻐끔거리는 소리를 듣고 많은 생물이 돌아왔어요. 과학자들은 돌아온 생물들 덕분에 산호초가 회복되기를 바라고 있어요.

대보초는 지구에서 가장 큰 산호초 지대예요. 이곳에 사는 물고기가 1,500종이나 된답니다.

바닷속에 사는 식물처럼 보이지만, 산호는 사실 동물이에요. 폴립이라고 부르는 작은 산호들이 함께 모여서 살기 때문에 식물처럼 보이는 것뿐이에요.

9. 미세플라스틱 사냥

5밀리미터보다 작은 플라스틱을 **미세플라스틱**이라고 해요. 수많은 미세플라스틱이 바다로 흘러들어 바다 생물에 해를 끼치고 있어요. 공학자인 애나 두가 열두 살 때 이 문제를 해결하러 나섰어요. 애나는 미세플라스틱이 모인 곳을 찾아내는 수중 로봇을 만들었어요. 이 로봇은 바닷속을 돌아다니면서 미세플라스틱이 모여 있을 법한 곳의 색깔, 패턴, 모양을 확인해요. 이 정보를 이용해 미세플라스틱을 수거하거나 연구할 수 있을 거예요.

낭비하지 않으면 부족하지 않아요

사람들한테는 물건을 함부로 버리는 나쁜 버릇이 있어요.
빈 병에서 구멍 난 양말까지, 우리가 버리는 물건들은 결국 바다로 흘러가요.
지구를 쓰레기 천지로 만들지 않으려면, 우리가 어지른 것들을 재활용하고
재사용하는 방법을 찾아야 해요. 가장 큰 숙제는 플라스틱을 처리하는 거예요.

무엇이 문제일까요?

플라스틱이 일으키는 문제는 거대하고, 엄청나고, 어마어마해요.
1855년에 발명된 뒤로, 사람들이 버린 플라스틱의 양이 60억 톤이
넘어요. 이집트 피라미드 1,000개를 건설하고도 남을 양이지요!
우리가 버리는 플라스틱이 결국 어디로 가는지 생각해 봤나요?
과학자들에 따르면, 우리가 재활용하는 양은 9%밖에 안 돼요.
나머지는 땅에 묻거나 태워 버리거나 배에 실어 다른 나라로 보내요.
플라스틱으로 피라미드를 짓는 건 아무도 바라지 않을 테니, 우리가
버린 플라스틱으로 무언가 새로운 걸 만들어야 해요.

병으로 지은 집

빈 플라스틱병에다 모래나 흙을 채워서 차곡차곡 쌓아 올린 다음, 병들 사이를 진흙이나 소똥으로 메워요. 이제, 집을 반은 지은 거예요. 속을 채운 플라스틱병은 보통 벽돌보다 단단하고 값도 싸요. 게다가 단열 효과도 좋아서 뜨거운 여름에도 집 안이 시원하지요. 그런 집이 있냐고요? 인도, 나이지리아, 콜롬비아에 병으로 지은 집이 있답니다.

똥 기저귀 지붕

아기들은 쉴 새 없이 똥과 오줌을 눠요. 하루에도 몇 번씩 기저귀를 갈아 줘야 해요. 돌돌 말아 쓰레기통으로 던져 버리는 기저귀가 기와로 변신할 수 있답니다. 기저귀 재활용 공장에서 변신이 일어나지요. 먼저 기저귀에 묻은 오물을 제거해요. 그다음 기저귀를 잘게 썰어서 씻어요. 그러고 나서 기저귀에 든 재료들을 종류별로 분리해요. 분리해 낸 플라스틱은 기와를 찍어 내는 데 쓸 재료가 돼요.

최신 패션 재료

재활용 플라스틱은 집을 짓는 데 쓸 수 있을 뿐만 아니라 입을 수도 있어요. 그런데 유행이 빨리 바뀌니까 사람들이 옷을 많이 버려요. 게다가 플라스틱으로 만든 옷이 많아서 문제가 더 심각해요. 문제는 또 있어요. 우리가 바지나 스웨터를 빨 때마다 플라스틱 미세 섬유가 빠져나와 강과 바다로 흘러들어요. 지구에 해를 입히는 옷을 자꾸만 입고 버릴 게 아니라, 재료를 재활용해서 멋진 친환경 옷을 만들면 좋겠죠?

플라스틱병 비키니

쓰레기로 옷을 만들려면, 먼저 플라스틱을 깨끗하게 씻은 다음 잘게 썰어야 해요. 그런 다음에 잘게 썬 플라스틱 조각을 녹여서 플라스틱 알갱이로 만들어요. 그걸 다시 녹이고, 거기에서 온갖 옷을 만들 실을 뽑아요. 바다를 쓰레기 천지로 만들었을 플라스틱으로 짠 수영복을 입고 바다에서 놀면 더 신날 거예요! 재활용 플라스틱은 신발이나 가방으로도 변신할 수 있어요. 겨울옷 속에 오리털 대신에 재활용 플라스틱으로 채워도 아주 따뜻해요. 눈밭에서 굴러도 괜찮을 정도랍니다.

달콤한 신발

파인애플 이파리의 섬유질로 달콤한 신발을 만들 수 있어요. 진짜 달콤하진 않아요. 쓰레기통에 버릴 것으로 신발을 만들었으니 그런 기분이 든다는 거죠. 파인애플 이파리로 신발을 만들면, 물과 땅을 아낄 수 있어요. 그렇지만, 파인애플 섬유를 튼튼하게 만들려면, 플라스틱을 섞어야 해요. 올바른 방향으로 나아가는 것이기는 하지만, 지구에 전혀 피해를 주지 않는 신발을 만들려면 더 연구해야 해요.

차 찌꺼기 가방

머리가 비상한 교수가 콤부차라는 음료의 찌꺼기로 신발, 핸드백, 드레스를 만들고 있어요. 이 음료를 만드는 과정을 알아볼까요. 설탕을 넣은 홍차나 녹차에 **세균**과 효모를 호떡처럼 빚어서 넣어요. 그런 다음에 몇 주 동안 발효하도록 놔둬요. 발효가 끝나면, 보글보글 거품이 나는 탄산음료와 미끈거리는 막이 생겨요. 이영아 교수가 이 막을 말리면 가죽처럼 된다는 걸 알아냈어요. 이런 발견을 한 뒤부터 이영아 교수는 이 재료의 방수 성능을 높이고 잘 찢어지지 않도록 하는 방법을 연구하고 있답니다.

소똥 옷

소똥에서도 섬유를 뽑을 수 있어요. 소는 온종일 풀과 건초를 씹어 먹어요. 당연히 소똥에는 소가 삼킨 식물이 섞여 있지요. 기발한 화학 기술로 소똥에서 '셀룰로스'라는 물질을 뽑아낼 수 있어요. 셀룰로스는 식물 세포의 세포벽을 이루는 물질로 꽤 튼튼해요. 소똥에서 뽑은 셀룰로스로 옷감을 짜는 재료를 만들어요. 옷에서 냄새가 날 거 같다고요? 여러 처리 과정을 거쳐서 깨끗하니까 그런 걱정은 하지 마세요.

① 살아 있는 빛   ② 세균 전지   ③ 달콤한 에너지   ④ 빛나는 식물

1. 살아 있는 빛

깊은 바다에 문어가 산다는 건 알죠? 문어 빨판에 사는 **세균**이 우리 집을 밝혀 줄 수 있어요! 이 세균을 램프 안에 넣고 **산소**와 접촉하게 하면 루시페린이라는 분자가 생기는데, 이 물질이 빛을 내요. 램프를 켜고 싶다고요? 램프를 톡 쳐서 흔들거리게 하면 돼요. 그러면, 세균과 산소가 섞이고 램프가 빛나기 시작할 거예요.

해파리와 오징어를 비롯해 바다 동물의 76%가 스스로 빛을 내요. 놀랍죠?

2. 세균 전지

과학자들이 **세균**이 전기를 생산한다는 사실을 발견했어요. 요구르트를 발효시키는 세균인데, 사람의 소화 기관에도 살아요. 사실은 설사를 일으키는 세균과 괴저(몸 일부가 혈액 공급이 부족해서 썩는 현상)를 일으키는 세균한테도 똑같은 능력이 있어요! 언젠가는 이 **미생물**을 이용해서 블루투스 스피커를 충전하게 될 거예요.

모든 사람은 유전자의 99.9%가 서로 똑같아요. 겉모습이 전혀 닮지 않은 사람들끼리도 그래요. 심지어 사람과 바나나도 유전자의 약 50%가 같답니다.

3. 달콤한 에너지

당분은 모든 생물이 사용하는 맛있는 **에너지**예요. 사람, 개미, 벌새 모두 달콤한 것을 좋아하지요. 우리는 비스킷을 좋아하고 벌새는 꽃꿀을 좋아한다는 게 다를 뿐이에요. 당분 전지는 단 음식에서 에너지를 얻는 생물을 흉내 내서 만들어요. 설탕으로 전자 기기를 켜는 셈이죠.

4. 빛나는 식물

반딧불이가 반짝거리며 나는 걸 본 적이 있나요? 이 놀라운 곤충은 몸에서 루시페린을 만들어 빛을 내요. 과학자들이 식물 유전자를 살짝 바꾸어서 이파리가 루시페린을 생산하도록 하는 데 성공했어요! 빛을 내는 식물이 우리 방을 밝히게 된 거죠. 전기는 필요 없어요.

5. 음식 쓰레기 사냥꾼

지렁이를 반려동물로 키워 보세요. 껴안아 주기는 어려워도 채소 찌꺼기, 오래된 과일, 달걀 껍데기 같은 음식 쓰레기를 먹어 치우는 데는 최고니까요. 지렁이를 기르려면 두 칸으로 된 사육 상자가 필요해요. 위 칸에는 음식 쓰레기를 넣고, 아래 칸은 음식 쓰레기에서 배어나는 액체를 받는 용도로 써요. 준비가 끝났나요? 위 칸에 지렁이를 넣어 주세요. 좀 기다리면, 지렁이가 영양 만점 퇴비를 만들어 줄 거예요.

우리가 끊임없이 먹어 대는 음식을 기르는 데 쓰이는 땅이 중국보다 넓어요.

유럽 사람 한 명이 한 해에 버리는 음식 쓰레기가 약 170킬로그램이에요. 사하라사막 남쪽에 사는 아프리카 사람은 10킬로그램밖에 버리지 않아요.

6. 드론 배달부

미래에는 **드론**이 우리가 주문한 상품을 배달할 거예요. 드론은 상점에서 집까지 똑바로 날아오니까 구불구불한 길을 따라 달리는 트럭보다 **에너지**를 적게 써요. 이 계획을 실현하려면, 드론이 새들을 괴롭히거나 빌딩에 부딪치지 않는 방법을 찾아야 해요. 날씨가 나쁠 때도 배달할 수 있어야 하고요.

7. 채소 기르는 침대

과학자들이 흙 대신에 침대 매트리스에서 채소와 허브를 기르는 방법을 찾았어요. 매트리스 속에 넣는 재료인 발포 고무를 식물이 자라는 데 필요한 영양분을 섞은 물에 푹 담근 다음, 씨앗을 뿌렸더니 성공적으로 싹이 텄어요. 흙이 건강하지 않은 곳에서 매트리스에 식물을 기르는 건 훌륭한 대안이에요. 그러지 않으면 해마다 수백만 개씩 버려지는 매트리스를 땅에 묻어야 하니까요.

8. 새우 껍질 포장재

배달된 상품이 겹겹이 포장된 걸 본 적이 있을 거예요. 그렇게 하면 상품에 상처가 나지는 않지만, 그 대신에 쓰레기통에 버릴 플라스틱이 많이 생겨요. 환경에 좋은 대안을 찾고 싶다면 바다 생물을 살펴보세요. 게, 바닷가재, 새우의 껍질에는 키틴이라는 물질이 들어 있는데, 이걸로 생분해성 포장재를 만들 수 있어요.

9. 과학자를 돕는 소프트웨어

과학자들은 가끔 아주 복잡한 계산을 해야 해요. 얼마나 복잡하냐고요? 지구에서 가장 강력한 슈퍼컴퓨터가 몇 달 동안 계산해야 풀리는 문제도 있어요. 우리가 과학자들을 도울 수 있어요. 집에 있는 컴퓨터에 특수한 소프트웨어를 설치하면, 우리가 이메일을 보내거나 게임을 하는 동안에 컴퓨터가 알아서 과학자들에게 필요한 계산 일부를 수행해요. 손가락 하나도 까딱하지 않고 지구에서 가장 중요한 문제를 푸는 걸 돕는 거죠.

새로운 거주지를 개척해요

기후 변화에 대비해 뜨거운 여름에 시원하고, 맹추위가 닥치는 겨울에 아늑하고, 홍수나 폭설 같은 극단적인 날씨에도 끄떡없는 집이 필요해요. 인구가 늘고 있으니 새로운 친환경 주택을 건설하고 최첨단 건축 재료도 개발해야 하지요. 하지만 정말 큰 과제는 그게 아니에요. 이런 집을 지을 땅을 먼저 찾아야 하거든요.

무엇이 문제일까요?

해마다 세계 인구는 8,000만 명씩 늘어나는데, **지구 온난화** 때문에 사람이 살기에 적합한 땅은 점점 줄어들고 있어요. 몇몇 과학자들에 따르면, 2100년이 되면 육지 면적의 30%에 혹독한 가뭄이 들어 물이 부족해지고, 농작물도 기를 수 없을 거래요. 도시에는 이미 인구가 너무 많고 무작정 도시를 확장할 수도 없어요. 그러면 근처 자연을 망가뜨리니까요. 그렇다면 우리는 어디서 살아야 할까요? 모든 사람이 살 공간을 확보하려면, 생각을 확 바꾸어서 이제까지는 사람이 살 곳이 아니라고 여겼던 곳에서 사는 꿈을 꿔야 해요.

새로운 바다 도시

언젠가는 바다에 도시가 생길 수도 있어요. 거대한 판들을 물에 띄우고 바다 밑바닥으로 닻을 내려 파도에 떠내려가지 않게 해요. 판들을 서로 연결하고 거기에 주택과 상점을 짓는 거예요. 공원도 있어야 할 거예요. 학교와 양어장은 바닷물 속에 둘 수도 있겠네요. 수상 도시에 쓸 **에너지**는 **태양 전지판**, **풍력 발전기**, 조력 발전기로 생산해요. 수상 도시에서 멋지게 살려면, 먼저 장애물 하나를 넘어야 해요. 태풍이 닥쳐도 끄떡없는 방법을 찾는 거지요. 태풍이 올 때마다 사람들이 토하면 곤란하잖아요. 아무래도 수상 도시는 큰 파도가 일지 않는 바닷가 근처에 건설하는 게 좋겠어요.

탄소 배출량을 극적으로 줄여도 2100년에는 해수면이 50센티미터나 높아질 거예요. **기후 변화** 때문이지요. **온실가스** 배출량을 줄이지 않으면 1미터까지 높아질 수도 있어요. 바다보다 1미터도 높지 않은 땅에 사는 사람들이 2억 3,000만 명이나 있는데 말이에요. 도시가 물에 잠기는 걸 막으려면, 도시 전체를 다시 설계해야 해요.

지하에 도시를

뱃멀미가 심하다면, 수상 도시보다는 지하 도시로 가는 게 좋을 거예요. 지하 도시라니까 두더지처럼 땅굴을 기어가는 모습이 떠오르나요? 고층 빌딩을 뒤집어 놓았다고 상상해 보세요. 한가운데에 지상의 햇빛과 공기가 들어오는 수직 통로가 뚫려 있고, 공간이 널찍한 지하 빌딩 말이에요. 땅을 파서 넓은 공간을 확보하는 거죠. 지하 도시에는 다른 장점도 있어요. 땅속은 여름에는 시원하고 겨울에는 따뜻해서 **에너지**가 적게 들어요. **에너지**를 잡아먹는 보일러나 에어컨을 틀지 않아도 되니까요. **토네이도**나 태풍이 자주 들이닥치는 곳에 지하 빌딩을 지으면 좋겠죠?

핀란드의 수도 헬싱키에 이미 지하 도시가 있어요. 땅속에 지은 수영장, 아이스하키 경기장, 운동장이 터널로 연결되어 있답니다.

편안한 집

새로운 거주지를 찾는 것도 중요하지만, **기후 변화**를 견디고 환경에도 좋은 똑똑한 집을 지을 방법도 찾아야 해요. 가장 먼저 해결할 일은 보일러와 에어컨을 쓰지 않고도 쾌적한 온도를 유지하는 거예요.

흰개미처럼 살기

흰개미한테는 배울 게 참 많아요. 주로 더운 나라에 사는 흰개미는 내리쬐는 햇볕 아래서 높고 큰 흙 언덕을 건설해요. 그곳이 흰개미 집인데, 공기가 잘 드나들고 시원하지요. 흰개미들이 굴과 환기구를 미로처럼 뚫어 놓아서 그런 거예요. 흰개미 집은 환기구와 굴을 이용해 마치 큰 허파처럼 공기를 빨아들이고 내뿜어요. 그에 따라서 따뜻한 공기와 시원한 공기가 순환하지요. 흰개미의 기술을 빌딩에 적용하면 엄청난 **에너지**를 소모하는 에어컨을 덜 쓸 수 있어요. 실제로, 짐바브웨에 있는 한 쇼핑센터를 이 원리를 응용해 지었는데, 내부는 늘 시원하고 공기가 잘 통해요.

세균 벽돌

집을 어떻게 짓느냐도 중요하지만, 무엇으로 짓느냐도 역시 중요해요. 보통 집을 지을 때 가장 많이 들어가는 재료는 물이에요. 두 번째는 콘크리트인데, 콘크리트 만드는 과정에서 **이산화탄소**가 많이 발생해요. 해마다 수십억 톤의 콘크리트가 만들어지는데, 그 재료 가운데 하나인 시멘트를 생산하는 과정에서 발생하는 이산화탄소량이 전 세계 배출량의 8%나 돼요.

지금은 콘크리트가 가장 널리 쓰이는 건축 재료이지만, 언젠가는 환경에 더 좋은 재료가 그 자리를 차지할 거예요. 과학자들이 세균으로 벽돌을 기르는 방법을 연구하고 있어요. 모래에 특별한 **세균**을 주입하고 영양분이 풍부한 물을 뿌려요. 그러면 세균이 벽돌을 만들어요. 세균이 영양분을 먹으면서 모래 알갱이들을 서로 연결하거든요.

곰팡이 뼈대

균사체(16쪽을 보세요.)를 이용해서 건축 재료를 기를 수도 있어요. 벽돌 틀 안에 음식 쓰레기 같은 유기물을 넣어 주면, 균사체가 얼기설기 얽히며 벽돌 모양으로 자라요. 이렇게 만든 **곰팡이 벽돌** 두 개를 붙여 놓으면, 역시 균사체가 자라서 연결해요. 편리하고 튼튼한 건축 재료지요. '곰팡이 건축'은 이제 막 개발하기 시작했는데, 가능성이 아주 커요. 미국 항공 우주국(NASA)에서는 곰팡이 벽돌이 다른 행성에 거주지를 건설하기에 딱 맞는 재료라고 생각해요. 화성에 인간 거주지를 건설할 때 곰팡이를 이용할 계획도 세우고 있어요. 지구에서 가져간 곰팡이에 물을 주어서 사람들이 살 주택 뼈대 모양으로 자라게 할 거래요!

스펀지 도시

과학자들의 예측에 따르면, **기후 변화** 때문에 폭염, 폭풍, 갑작스러운 홍수 같은 극단적인 날씨가 점점 자주 나타날 거예요. 시도 때도 없이 쏟아지는 폭우에 대비하려면, 도시가 스펀지로 바뀌어야 할 거예요. 풀이 자라는 정원, 식물로 뒤덮인 지붕, 구멍이 숭숭 뚫린 도로가 흡수한 빗물을 깨끗하게 걸러서 땅속 탱크에 보관했다가 가뭄 때 쓰는 거죠. 바닷가에서 자라는 맹그로브 숲은 기능이 뛰어난 자연 홍수 방지 장치예요. 뒤얽혀 자라는 나무들과 물에 반쯤 잠긴 뿌리가 강과 바다에서 갑자기 밀려오는 물살을 막아 내지요. 피지 주민들은 섬 가장자리에 나무를 심어 맹그로브 숲을 만들기 시작했어요. 해수면 상승과 폭풍에 대비하려고 그러는 거랍니다.

미래를 상상해요

기후 변화와 생물 다양성 감소 같은 큰 문제에는 큰 해결책이 필요해요. 이 위기를 해결하고 우리 행성을 보살피려면, 창의적이고 과감하게 생각해야 해요. 엉뚱한 아이디어가 도움이 될 수도 있어요. 지금은 이상하고 과격해 보이는 아이디어가 30년 뒤에는 세상을 혁명적으로 바꿀 수도 있어요. 지금은 누구나 작은 컴퓨터를 주머니에 넣고 다니고 어른들이 **지구 온난화**에 관심을 가지게 하려고 어린이들이 학교 가기를 거부하기도 하잖아요. 30년 전에 이런 세상을 예측한 사람이 있었을까요?

5 나노봇 **6** 산호를 지키는 구름 **7** 씨앗 구조 작전 **8** 지구의 반은 자연 보호 구역

1. 우주 엘리베이터

지금은 우주로 나가려면 강력한 로켓을 타야 해요. 미래에는 좀 더 쉽게 지구 **중력**에서 벗어날 수 있을 거예요. 우주로 뻗은 케이블에 연결된 엘리베이터를 타고 우주 정거장까지 가는 거죠. 그렇게 하려면, 믿을 수 없을 만큼 대단한 기술이 필요해요. 엄청나게 긴 케이블을 팽팽하게 당겨야 하는데, 지금은 거기에 맞는 재료도 기술도 없어요. 우주 엘리베이터를 달에 매달자고 제안하는 과학자들도 있어요.

2. 우주 태양광 발전소

태양은 어디에서 빛나나요? 물론 우주지요! 우주에 **태양 전지판**을 설치하면, 지구 대기의 구름이나 먼지의 방해를 받지 않고 전기를 생산할 수 있어요. 생산한 전기는 레이저나 마이크로파로 바꾸어 지구로 쏘아 보내면 돼요.

3. 토네이도 발전기

들판에서 **토네이도**를 만난다면? 얼른 도망쳐야죠. 그 힘이 진짜 무시무시하니까요. 그 힘을 이용할 방법은 없을까요? 이미 공학자들이 방법을 찾고 있답니다. 그들의 계획은 공장의 폐열로 따뜻해진 공기로 회오리바람을 만들어 발전기 터빈을 돌리는 거예요.

4. 플라스틱 먹는 자석

바다에서 **미세플라스틱**(61쪽을 보세요.)을 수거하는 데 기름과 자철석(자석의 성질을 지닌 돌) 가루를 사용할 수 있을지도 몰라요. 바다에 기름을 붓다니, 어리석은 생각 같죠? 기름은 플라스틱에 달라붙는 성질이 있어요. 그러니까 자철석 가루와 섞어서 바다에 뿌리면, 기름과 미세플라스틱과 자철석이 뒤섞인 덩어리가 생겨요. 커다란 자석으로 그 덩어리를 건져 올리면 끝! 지금은 실험실에서 이 기술을 시도하고 있는데, 바다에 안전하게 기름을 뿌릴 방법을 찾으려면 더 연구가 필요해요.

바다에는 50조 개나 되는 **미세플라스틱**이 떠다녀요. 우리은하에 있는 별의 수보다 500배나 많은 거예요.

자석으로 **미세플라스틱**을 제거하는 방법을 생각해 낸 사람은 아일랜드 십대 청년 피온 페레이라예요. 카약을 타고 바닷가를 돌아보다가 플라스틱이 바위를 뒤덮은 걸 보고 이런 아이디어를 떠올렸대요.

5. 나노봇

우리 몸속을 돌아다니고 공기에 섞인 오염 입자를 잡아내는 작은 로봇을 상상해 보세요. 이런 로봇을 나노봇이라고 해요. 지금 과학자들이 개발 중인 나노봇은 종이 한 장의 두께보다 1만 배나 작아요. 언젠가는 나노봇들이 우리 주위를 돌아다니며 우리 몸과 환경을 건강하게 지켜 줄 날이 올 거예요. 조금 더 기다려 보세요.

지구 궤도에는 약 1억 2,800만 개의 쓰레기가 떠다녀요. 망가진 인공위성이나 로켓 파편들이죠. 이 쓰레기를 치우기 위해서 과학자들이 우주에서 쓸 집게, 그물, 작살을 개발하고 있어요.

7. 씨앗 구조 작전

그린란드에 가까운 노르웨이의 한 섬에는 눈밭 위로 툭 튀어나온 별스러운 건물이 있어요. 건물 안에는 전 세계에서 수집한 수백만 종의 씨앗이 보관되어 있어요. 자연재해나 사람이 일으킨 재난으로부터 식물을 보호하려는 거예요. 한 식물이 사라질 위기에 놓이면, 여기에 씨앗을 보관했다가 나중에 다시 뿌려서 **멸종**을 막을 수 있어요.

6. 산호를 지키는 구름

바닷물이 점점 따뜻해지면서 전 세계 바다에서 산호가 하얗게 변해 죽어 가요(61쪽을 보세요.). 과학자들은 미세한 바닷물 물방울을 산호초 지대의 공기에 뿌려서 그늘을 만들려고 해요. 공기에 뿌린 바닷물이 **증발**하면 소금 결정만 남아요. 소금 결정이 낮게 뜬 구름에 섞이면, 구름이 더 커져서 시원한 그늘을 드리우게 되지요.

8. 지구의 반은 자연 보호 구역

우리 행성을 보살피는 한 가지 방법은 지구의 반을 어마어마하게 큰 자연 보호 구역으로 지정하는 거예요. 우리 행성의 50%를 자연 상태로 놔두는 거죠. 아직 사람의 손길이 닿지 않은 지역부터 지정한 다음, 지역 주민들의 도움을 받아 점점 늘려 나가요. 그리고 자연 보호 구역 사이를 야생 동물 이동 회랑으로 연결해 동물들이 자유롭게 이동할 수 있도록 해요. 이렇게 하려면, 우리는 자연 가까이에서 자연을 돌보며 사는 데 익숙해져야 해요.

미래에 살아남으려면

과학자들은 2100년까지 지구 기온이 최소 2도에서
최대 5도까지 올라갈 거로 예측해요.
인류가 화석 **연료** 사용, 삼림 벌채, 플라스틱 사용을 조절한다면,
기후 변화의 폭을 줄여서 지구 서식지를 구할 수 있어요.
그러지 않고 지금처럼 산다면 혹독한 결과를 마주할 테니까,
지금부터 미래에 살아남을 계획을 세우는 것이 좋지 않을까요?

무엇이 문제일까요?

미래에 지구가 어떤 모습으로 변할지 예측하기는 어려워요. 한 가지는 분명해요. 지구에서 사는 게 지금보다 훨씬 힘들 거예요. 다행히, 이 책에서 본 것처럼 우리한테는 변화를 늦추고 앞으로도 지구에서 생명체가 살도록 할 방법이 있어요. 그래도 사람들은 불확실한 미래를 걱정하며 어떻게 준비할지 고민해요. 가장 나쁜 시나리오에 대비하는 사람들도 있어요.

사람이 자연을 침범하는 일이 많아요. 숲을 농경지로 바꾸는 것도 그런 일이죠. 그 결과로 사람이 새로운 바이러스와 세균과 접촉하게 되는데, 그중에는 동물한테서 사람에게로 질병을 옮기는 것도 있어요. 그런 질병을 인수 공통 전염병이라고 하지요. 우리가 **생태계**에 해를 입히고 야생 동물 서식지를 침범할수록, 끔찍한 병에 걸리기 더 쉬워져요.

벙커에 숨어 살기

극비 장소에 지은 '최후의 날 벙커'는 밖에서는 작은 콘크리트 창고처럼 보여요. 하지만, 지하 깊은 곳에 숨겨진 내부는 생존에 필요한 모든 것을 갖추고 있어요. 음식과 물, 농작물을 기를 씨앗과 편안한 침대도 있지요. 이런 벙커를 지은 목적은 지상에서 극단적인 날씨나 전 세계로 퍼지는 전염병 같은 문제가 생겼을 때 대피하는 거예요. 지하에 꼭꼭 숨어서 재난이 끝나기를 기다리는 거죠. 극장과 수영장까지 갖춘 호화로운 벙커도 있어요. 문제는 이런 피난처에는 몇 사람밖에 들어가지 못한다는 거예요. 나머지 사람들한테는 아주 불공평한 일이죠!

우주 피난처

지구를 떠나 우주로 피난을 떠날 수도 있어요. 두 가지 방법이 있어요.
거대한 우주선(56쪽을 보세요.)에서 살거나 다른 행성에 정착하는 거죠.
그런데 태양계의 다른 행성들은 생명체가 살기에 적합하지 않아요.
그나마 고려해 볼 만한 행성이 화성이에요. 화성은 지구보다 하루가 37분 더 길고
평균 기온이 영하 63도예요. 수성이나 금성보다는 지구와 더 비슷하지요.
하지만 액체 상태의 물과 **산소**가 없어요. 화성에서 살려면, 필요한 공기와 물과
음식을 생산하는 바이오 벙커를 지어야 해요. 그런데도 왜 화성까지 가려는 걸까요?
바이오 벙커가 필요한 상황이 오더라도 지구에 짓는 게 훨씬 쉽고, 더 싸고,
더 안전한데 말이에요.

우주 그늘막

사람들을 우주로 피난시키는 대신에, 우주에 햇빛 가리개를 띄울 수도 있어요.
태양과 지구 사이에 어마어마하게 넓은 반사 장치를 설치해서 지구로 오는 햇빛
일부를 다른 방향으로 보내는 거죠. 그러면 지구 기온이 내려갈 테니까요.
그렇다고 거대한 파라솔을 우주로 보내는 건 아니에요. 소형 우주선 수조 척을
수백만 킬로미터 높이까지 쏘아 올려서, 너비가 10만 킬로미터에 이르는 우주
구름을 형성하는 게 현실적이죠. 투명 필름으로 햇빛을 여러 방향으로 흩어지게 할
소형 우주선은 나비처럼 가벼울 거예요. 모든 우주선을 궤도에 올리는 데 적어도
10년은 걸리고 돈은 수천조 원이 필요해요. 그렇다면, 그 돈을 여기 지구에서
문제를 고치는 데 쓰는 게 더 좋지 않을까요!

지금 무엇을 해야 할까요?

미래가 최악의 시나리오처럼 되리란 법은 없어요.
최선의 시나리오가 실현될 수도 있죠! 지금까지 과학자들과 공학자들이
매달리고 있는 아이디어들을 살펴보았어요.
우리가 할 수 있는 일도 있을까요? 물론, 여러분이 할 일이 있어요.
세상을 더 깨끗하고 초록빛으로 만드는 일을 지금 시작해 봐요.
잠깐! 무슨 일을 시도하든 그 전에 부모님에게 도와달라고 꼭 말하세요.

지렁이를 길러요. 큰 플라스틱 상자를 구해서 바닥에 구멍을 뚫어요(부모님께 도와달라고 하세요.). 지렁이가 빠지지 않도록 바닥에 신문이나 두꺼운 종이를 깐 다음, 상자를 벽돌 위에 올려놔요. 그래야 구멍으로 공기가 통해요. 위에서 떨어지는 액체를 받아야 하니까 상자 아래에 쟁반을 놓고, 마지막으로 상자 안에 흙과 지렁이를 넣어요. 주방에서 나오는 채소 찌꺼기를 버리지 말고 지렁이한테 먹이로 줘요.

일주일 동안 플라스틱 없이 지내요! 부모님이 슈퍼마켓에 갈 때, 꼭 따라가서 플라스틱 포장재를 쓰지 않은 상품을 골라 장바구니에 담으세요.

친구와 옷을 바꿔 입어요. 친구들에게 입지 않는 셔츠, 바지, 점퍼를 가지고 오라고 해서 서로 바꿔 입어요. 지구에 부담을 주지 않고 새 옷을 장만하는 좋은 방법이죠?

빗물을 재활용해요. 빗물을 통에 받아 두었다가 정원 식물이나 화분에 물을 줄 때 수돗물 대신 쓰세요.

곤충 간식을 먹어요. 정원으로 나가서 애벌레를 잡아먹으라는 게 아니니까 걱정하지 마요. 인터넷을 검색하면 후추와 소금을 친 메뚜기나 초콜릿으로 싼 귀뚜라미 같은 맛난 간식을 얼마든지 찾을 수 있어요.

쓰레기로 작품을 만들어요. 쓰레기통에 버릴 물건으로 무엇을 만들 수 있을까요? 플라스틱병으로 새 모이통을 만들거나 빈 깡통으로 화분을 만들어 보세요.

자연 화장품을 만들어요. 커피 찌꺼기, 코코넛 기름, 큰 알갱이 설탕을 섞어서 친환경 목욕을 해 보세요.

기후 변화를 이야기해요. 친구, 가족, 선생님에게 기후 변화에 대한 여러분의 지식을 알려 주세요. 친구들과 함께 마을에서 기후 행진 행사를 열어 기후 위기를 널리 알리세요. 우리 행성에 닥친 위기를 더 자주 말하고 들을수록, 더 긍정적인 변화를 일으킬 수 있어요!

정치에 관심을 가져요. 정말로 큰 변화는 정부와 기업이 나서야 일어나요. 그들이 올바른 방향으로 나아가도록 하는 게 우리가 할 일이지요. 마을 슈퍼마켓, 가장 좋아하는 의류 회사, 국회의원에게 환경을 보살펴 달라는 편지를 보내는 것부터 시작하세요. 기후 행동 단체나 모금 행사에 참여하세요. 친구도 데려가면 더 좋아요.

밝은 미래

우리가 환경을 더 잘 돌볼 수 있는 뛰어난 방법은 아주 많아요. 엉뚱하고 어이없는 아이디어도 있긴 하지만요. 이 책에 나오는 발명들은 과학자들이 연구하고 있는 놀라운 프로젝트 가운데 일부일 뿐이에요. 미래에는 상상력이 풍부한 아이디어 덕분에 우리 삶이 더 푸르러질 거예요. 모든 사람이 이런 생각을 받아들이도록 설득하는 건 어려운 도전이지만, 지속 가능한 삶의 방식을 찾는 것이 기후 변화라는 퍼즐을 푸는 열쇠예요. 정말 멋진 건, 여러분이 세상을 더 좋게 바꾸는 일을 바로 지금 시작할 수 있다는 것! 어떤 행동도 하찮지 않아요. 언젠가는 여러분이 밝고 멋진 미래로 향한 길을 여는 발명가, 환경 보호 활동가, 공학자, 농부, 건축가가 될 거예요!

낱말 풀이

곰팡이 주변의 죽은 생물로부터 양분을 흡수하는 생물이다. 버섯과 효모도 곰팡이에 속하며, 현미경으로 볼 수 있는 것부터 몇 미터에 이르는 것까지 크기가 다양하다.

국제 우주 정거장 지구 궤도를 도는 거대한 우주선. 주로 과학 실험에 쓰인다.

균사체 곰팡이의 한 부분으로 실처럼 뻗어 나온 가닥들이 거미줄처럼 얽힌 것을 가리킨다. 균사체에서 버섯이 솟아날 수도 있다.

기후 변화 오랜 시간에 걸쳐 지구의 평균 기온이 변하는 현상이다.

꽃가루받이 식물의 꽃가루가 암술머리에 붙는 일로, 꽃가루받이가 이루어져야 씨앗을 맺을 수 있다.

대기 오염 생물의 건강에 나쁜 영향을 주는 물질이 대기와 섞이는 일.

대기 행성을 둘러싼 기체로, 중력 때문에 행성 주변에 머문다.

드론 인간 조종사가 필요 없는 항공기.

디엔에이(DNA) 세포 안에 있는 물질로 생물이 성장하고 활동하는 데 필요한 지시를 담고 있다.

메테인 효과가 강력한 온실가스로 탄소 원자 하나와 수소 원자 네 개가 결합하여 만들어진다.

멸종 생물 한 종이 완전히 사라지는 현상.

미생물 너무 작아서 현미경을 사용해야 보이는 생물.

미세플라스틱 크기가 5밀리미터 이하인 플라스틱 조각.

산소 우리가 들이마시는 기체로 대기의 21%를 차지한다.

산호 백화 현상 산호초에서 다채로운 색깔의 미세한 조류가 사라지는 과정으로, 이 때문에 산호가 하얗게 변한다.

생물 다양성 가지각색 지구 생물이 함께 어울려 이루는 다양성.

생물 소화조 수백만 마리의 세균이 음식, 동물과 사람의 배설물을 분해하는 장치. 이때 연료로 사용할 수 있는 메테인과 이산화탄소 같은 기체 혼합물이 나온다.

생분해성 세균 같은 미생물에 의해 분해되는 성질.

생태계 생물들과 그들이 사는 환경 사이에서 일어나는 상호 작용의 체계.

세균 하나의 세포로 이루어진 미생물로 지구 어디에나 산다. 박테리아라고 부르기도 한다.

수소 우주에 가장 많은 원소. 색깔이 없으며 폭발하기 쉽다.

스모그 연기나 차량의 배기가스 따위로 심하게 오염된 공기.

식물 플랑크톤 물에 사는 미생물로 에너지를 생산하기 위해 광합성을 한다.

알고리듬 문제를 풀거나 과제를 수행하는데 필요한 단계별 지시 사항의 집합이다. 보통 컴퓨터에 쓰인다.

압전 소자 누르고, 쥐어짜고, 늘리면 전하가 발생하는 물질.

애벌레 알에서 깨어나 아직 어른벌레로 자라지 않은 벌레. 유충이라고도 한다. 예를 들어, 나비와 나방의 애벌레는 꿈틀꿈틀 기어 다닌다.

에너지 변화를 일으키거나 움직일 수 있는 능력. 에너지는 한 형태에서 다른 형태로 바뀔 수 있지만, 새로 생기거나 사라지지 않는다.

열펌프 열을 한 곳에서 다른 곳으로 이동시키는 장치.

영구 동토 최소 2년 동안 완전히 얼어붙어 있는 땅으로 남극과 북극 근처에 있다.

온실가스 태양으로부터 지구로 오는 열이나 지구에서 빠져나가는 열을 붙잡아 두는 역할을 하는 기체. 대기 속에 존재하며 온실처럼 작동한다.

원심 분리기 안에 든 물체를 아주 빠르게 돌리는 장치.

원자 우주의 모든 물질을 이루는 기본 단위이다. 함께 뭉쳐서 핵을 이루는 양성자와 중성자, 핵 주위 궤도를 도는 전자로 이루어져 있다.

원자핵 원자의 중심 부분으로 양성자와 중성자로 이루어진다.

유전자 생물의 여러 특징을 결정하는 정보가 들어 있는 디엔에이의 부분들. 사람의 눈이나 머리 색깔도 유전자에 따라서 결정된다.

이산화탄소 탄소 원자와 산소 원자가 결합하여 생기는 온실가스로 CO_2라고 표시한다. 'C'는 탄소, 'O'는 산소를 나타내며, '2'는 산소 원자가 두 개 있다는 뜻이다.

이종 교배 종이 다른 두 식물이나 두 동물을 교배하여 큰 이파리나 더 풍성한 솜털 같은 특징을 지닌 새로운 자손을 만드는 일.

인공 지능(AI) 인공 지능을 갖춘 기계는 어려운 문제 풀이처럼, 인간의 지능이 필요한 일을 스스로 할 수 있다.

자연 모방 인간에게 닥친 도전을 해결하기 위해 자연을 흉내 내고 배우는 일.

자외선(UV) 가시광선보다 파장이 짧은 빛으로 햇빛에도 자외선이 포함되어 있다. 사람은 자외선을 보지 못한다. 자외선이 피부를 태우므로 햇빛에 나갈 때는 선크림을 바르는 게 좋다.

적외선 가시광선보다 파장이 긴 빛으로 우리 눈에 보이지 않지만(특별한 안경을 쓰면 보인다.) 열의 형태로 느낄 수 있다.

전기차 휘발유나 경유를 사용하지 않고 전기를 동력으로 쓰는 자동차.

조류 해캄부터 아주 큰 켈프까지, 다양한 종을 포함한 생물 무리로 광합성으로 자신에게 필요한 양분을 스스로 만든다. 조류는 식물과 달리 뿌리, 줄기, 잎이 없으며, 대부분 물에 산다.

중력 질량이 있는 물체가 질량이 있는 다른 물체를 끌어당기는 힘. 우리가 우주로 날아가지 않는 것도 중력이 우리를 지구 중심으로 끌어당기기 때문이다.

증강 현실 실제 세계에 말, 이미지, 소리 같은 추가적인 정보를 더하는 기술.

증발 액체가 기체로 바뀌는 현상.

지구 온난화 지구 기온이 높아지는 현상. 온실가스가 원인이다.

탄소 발자국 사람이나 어떤 일 때문에 대기로 배출되는 이산화탄소의 양.

태양 전지판 태양에서 오는 빛을 흡수해 전기로 바꾸는 장치.

토네이도 빠르게 회전하는 공기 기둥으로 땅에서 하늘의 먹구름까지 이어진다.

파장 파동의 골과 골, 또는 마루와 마루 사이의 거리. 적외선, 가시광선, 자외선은 파동의 형태로 이동하며 에너지를 운반한다. 파장이 짧을수록 더 많은 에너지를 운반한다.

풍력 발전기 높은 탑에 설치된 날개를 바람으로 회전시켜 전기를 생산하는 장치.

핵융합 둘 이상의 원자핵이 하나로 합치는 반응이다. 핵융합으로 더 큰 원자핵이 생기며 이 과정에서 에너지가 방출된다.

헬륨 공기보다 가벼운 기체. 헬륨을 채운 풍선은 하늘로 날아오른다.

홀로그램 빛을 이용해 만드는 삼차원 영상.

화석 연료 재생이 불가능한 연료로 보통 땅속에서 채굴한다. 식물, 조류와 플랑크톤 같은 유기체가 수천만 년에 걸쳐 분해되는 과정에서 생성된다. 석탄, 석유, 천연가스가 대표적인 화석 연료이다.

지구를 구하는 발명품
찾아보기

ㄱ

가상 학습 37
가축 센서 53
감자 숟가락 44
개 사료 12
개똥 가로등 45
곤충 농장 15
곤충 도시락 12
곰팡이 뼈대 73
공동묘지 과학 36
과학자를 돕는 소프트웨어 69
귀중한 똥 20
그을음 흡입기 29
꽃가루받이 드론 45
꿀벌을 지키는 벌통 45

ㄴ

나노봇 77

ㄷ

달리는 보일러 37
달콤한 신발 65
달콤한 에너지 68
대나무 칫솔 20

도시형 풍력 발전기 28
두꺼비 고속도로 44
드론 배달부 69
땅속 마을 29
똥 기저귀 지붕 63

ㄹ

로봇 농부 53
로봇 배달부 28
로봇 선생님에게 문자 보내기 36

ㅁ

물고기 랩 45
미세플라스틱 사냥 61
미아 물고기를 찾는 방송 61

ㅂ

바다 치약 20
바닷물 램프 60
바이오 구슬 21
발걸음 발전기 29
발전기 나무 45
배기가스 예술 28
버섯 고기 16

벙커에 숨어 살기 78
병으로 지은 집 63
빛나는 식물 68

ㅅ

산호를 지키는 구름 77
살아 있는 벽 37
살아 있는 빛 68
살아 있는 필터 60
새우 껍질 포장재 69
생선 없는 초밥 17
성장하는 옷 36
세균 벽돌 72
세균 전지 68
소똥 옷 65
숲 농장 52
스마트 거울 21
스마트 재킷 28
스펀지 도시 73
시민 과학 36
시원한 운동복 37
쓰레기 먹보 60
씨앗 구조 작전 77

ㅇ

악취 감지기 13
오징어 이빨 수영복 60
외계 농장 53
외국어가 없는 세상 36
우주 그늘막 79
우주 엘리베이터 76
우주 태양광 발전소 76
우주 피난처 79
우주선 시스템 20
유리병 모래 61
음식 쓰레기 사냥꾼 69
음식 쓰레기 연료 12
의료용 점액 21
이끼 감시 장치 44
이끼 매트 21
인조고기 16

ㅈ

자율 주행 도시 28

ㅊ

차 찌꺼기 가방 65
채소 기르는 침대 69
채소 빌딩 52
채소 키우는 물고기 53
초록빛 저택 53
친환경 간식 60

ㅋ

켈프 팩 12

ㅌ

태양 전지 창문 21
태양 전지 학교 37
태양열 오븐 13
토네이도 발전기 76

ㅍ

폐그물 배구 61
플라스틱 길 29
플라스틱 먹는 자석 76
플라스틱병 비키니 64

ㅎ

하늘 열차 29
하늘의 스파이 52
하수구 기름 찌꺼기 연료 13
흙 수프 17
흰개미처럼 살기 72